メジャーリーグに学ぶ

超一流

だけが持っている

成功思考

タック川本
Tak Kawamoto

産業編集センター

プロローグ

超競争社会のメジャーリーグ

以前から南米・アマゾン川流域のジャングルでの自給自足社会に興味を持っていた私が、初めて彼の地を訪れたのは24歳のときのこと。そこに住む原住民、インディオたちの生活に触れることができたときの興奮は今でも忘れることができません。

飛行機の窓から見える「緑のじゅうたん」に感動しながら到着したのは、ジャングルの入り口といわれるマナウス。太平洋からアマゾン川の河口を1500キロメートルほど上流にさかのぼったところにあるブラジル北部の町で、ジャングル探検の冒険家も、ここから出発します。

全長6516キロメートルのアマゾン川は、マナウス付近でも川幅が11キロメートルもあります。

私は冒険のために来たわけではないので、マナウスから少しだけ奥地に入った場所で暮らすことにし、川に近く、猛獣が出てきそうにない場所を探しました。着いて最初の食事はバナナ。木からひと房もぐと、50個ぐらいの実がついていて、とても一人では食べきれません。「残りは後で食べよう」と置いておいたのですが、高温多湿の環境のために、あっという間に真っ黒になってしまいました。

「食料の保存ができない」という問題はバナナだけでなく、魚でも動物でも同じでした。川で捕まえた魚も、原住民のインディオに食べ方を教わって食べるようになったワニも、すぐに腐ってしまうため、一度の食事で食べ切ってしまわなければなりません。

そんな生活を半年間続け、その後南アメリカを回っているうちに、アマゾンを訪れてから約2年がたちました。帰国を決め、大きな満足感に浸りながら日本に帰る途中、何の気なしに立ち寄ったアメリカ。そこで私の人生を左右する大きな出会いがあったのです。

経由地のサンフランシスコ国際空港から北上したところに、サンフランシスコ・ジャイアンツの本拠地があるのですが、そこでメジャーリーグの試合を観戦することになったのです。生まれて初めての経験。安い外野席での観戦でしたが、5万人もの観衆がたった一個のボールの行方に熱狂するスタジアムの雰囲気に、私は文字通り圧倒されました。

「ベースボールというスポーツはこれほどまでに人の心を動かすものなのか」と驚き、感動し、アマゾンの地で感じたものに勝るとも劣らない充実感が、私の頭の中を駆け巡っていきました。

その後縁あって、長年メジャーリーグの世界に身を置いてきました。カンザスシティ・ロイヤルズ、カナダのモントリオール・エクスポズ（現ワシントン・ナショナルズ）、そしてロサンゼルス・エンゼルスで、ベースボールマネージメント、国際編成の仕事をしてきました。

現在、メジャーリーグの試合は、シーズン中となれば日本でもほぼ毎日テレビやネットを通じて観戦できるようになりました。画面を通して、あのとき私がサンフランシスコで覚えた感動を、日本にいる人々にも提供できていたり、

「初めは日本人選手がいるから興味本位で見ていたけど、やっぱりメジャーリーグは迫力が違うな」

などと思ってくださる方がいらっしゃるようなら、メジャーリーグに携わる一人の人間として、これほど嬉しいことはありません。

実際にメジャーリーグでは、日本のプロ野球とは違うやり方で、エンターテインメント

として人々を楽しませるような仕組み、環境をつくり上げています。

ここで、メジャーリーグの球団組織というものがどのようになっているのか、少しご紹介しましょう。

MLB（メジャーリーグベースボール）機構の規定により、各球団は1軍から5軍まで、最低4つの下部組織を持つことが義務づけられています。

上から順に、メジャーリーグ、トリプルA、ダブルA、クラスA、ルーキーと呼ばれており、それぞれが一つの独立したチームとして、階級別のリーグ戦を戦っていくのです。

また、メジャーリーグでは、毎年6月にサマーフリーエージェントと呼ばれるドラフトが行われます。アメリカ国内に加え、カナダ、プエルトリコの選手も対象とされ、各球団は、このドラフトで他の球団より少しでもいい選手を獲得するために、スカウト網を文字通り網の目のように張り巡らせています。

このような巨大な組織の中で、選手たちはメジャーリーグへの昇格を目指し、日々切磋琢磨しなければならず、当然のことながら選手間の競争は決して生易しいものではありません。

メジャーリーグは現在、「世界ナンバーワンのプロ野球」というブランドを武器にして、日本をはじめとした、アジアや、オセアニア、中南米、ヨーロッパと、そのマーケットを世界各地に広げつつあります。いわゆる、「メジャーリーグの世界戦略」といわれるものです。そしてメジャーリーグが世界ナンバーワンであり続けられるのは、厳しい競争を勝ち抜けるだけの「人間力」を備えた人材の育成、「人づくり」を各球団が重要視しているからに他なりません。

このメジャーリーグ各球団の「人材育成」に対する考え方は、決して「アメリカだから」あるいは「プロスポーツという特殊な世界だから」有効なわけではありません。

むしろどこの国のどんな組織においても、当然、日本の一般企業においても通用する、極めて普遍的なものだと思います。

では、具体的にどのような「人間力」を持った人がメジャーで活躍するような一流の人間になれるのでしょうか？　また、どのような教育が一流の人間を育てるのでしょうか？

本書では、私の40年余りのアメリカでの生活体験、また、プロ中のプロといわれるメジャーリーガーたちと接して感じた事柄を通じて、夢や目標をつかみ取るための条件を示していこうと考えています。

メジャーリーグではよく、成績不振などで悩む選手に対して「プロは反省するな」とアドバイスすることがあります。

いつまでも過去を振り返ってばかりいるのではなく、前向きに気持ちを切り替えて、行動を起こさなければなりません。

「過去と他人は変えられない、未来と自分はいつでも変えられる」

という言葉を、本書を手にしてくださった読者の皆様に贈りたいと思います。

何事もまず行動を起こしてみることです。

コロナ禍の中で

タック川本

INNING
2
自分の夢を堂々と語れるか

INNING
3
目標との向き合い方

INNING
4
自分で考える力がないと成功はつかめない

INNING

5

安易に結果を求めてはいけない

INNING 6 強靭な精神力をつくる

INNING 7 人材育成とプロの仕事

INNING

8

コミュニケーション能力を磨く

INNING
9 成功する人の条件

※本書は、タック川本氏のこれまでの著作をもとに加筆・修正し、再構成したものです。

INNING

1

常識を疑う「否常識改革」のすすめ

「継続は力なり」のウソ

アメリカの常識は日本の非常識、日本の常識はアメリカの非常識になることが多い。例えば、大学の先生を例にとれば、アメリカでは日本のように同じ大学に5年以上勤めていると「あいつはアホか」と言われかねません。

アメリカでは学位を取得したら、まず小さな大学の助教授になります。そこで数年のうちに論文を発表して誰かに認めてもらいます。それを足掛かりにいくつかの大学を経て、段階的に一流大学の教授を目指します。そしてあわよくば、全米でも指折りの超一流大学の教授の座を狙います。

これがアメリカの常識です。

同じことは企業で働く人間にもいえます。どこかの企業でインターン（見習い）として働き、そこで得た知識と経験をセールスポイントにして別の企業へとステップアップしていきます。会社を移ることで自分の実力と能力が認められ、ポジションも上がり、給料も上がっていきます。

それを何度も繰り返すことで、最終的には一流の幹部社員（願わくばトップ）を目指すのです。あるいは途中で自ら起業するベンチャーの道を選ぶ（儲けるなら労働者より資本家の方がいい）というのが大方のアメリカ人の考えで、実際に起業するかどうかはともかく、チャンスがあれば独立したいと多くの人が思っています。

アメリカでは**職場を変えたり、職業を変えたり、会社を起こしたりすることは当たり前のこと**で、それは人生のステップアップにつながる歓迎すべきことだと考えられています。

ところが日本では25年、30年と一つの会社に長く勤めることが美徳とされ、会社を移ったり、起業にチャレンジしたりする人は少ないです。

バブル崩壊以後、リストラの嵐が吹き荒れ、終身雇用の形骸化や雇用の流動化が進みましたが、それは主に苦境にあえぐ企業側の都合によるものであって、社員側が積極的に職場を移ったり、独立したりするようになった結果ではありません。

日本ではいまだに会社を辞めた人間は負け犬だと思っている人が少なくないのです。

会社に限らず、趣味でも習い事でも結婚でも何でもそうですが、「石の上にも三年」で一度始めたからには諦めずに辛抱して続けることが重要だと思っているのが日本の社会です。

「継続は力なり」は生きるうえでの大切な教えの一つではありますが、それにとらわれすぎるあまり、**続けること自体が自己目的化してしまう**場合もあります。そうなると変化を恐れ昨日と同じことを繰り返す結果となり、何かにチャレンジする人生の転機を取り逃がすことにもなりかねません。

舞台に上がれるのは最高のプレーヤーだけ

長年勤め上げることをよしとする風土は、日本プロ野球界にも地層のように分厚く堆積しています。選手は一年でも長くプレーしたいと願い、ベンチはそんな選手に妙な温情をかけます。

このため、体にキレがなくなりプレーにも精彩を欠くようになったベテラン選手が、いつまでもレギュラーの座にあったり、貴重な戦力としてベンチに控えていたりします。名球会に象徴されるように個人記録の大きな節目に近づいている選手はなおさらで、本人はその宿望達成にことさら執着し、ベンチもそれに理解を示します。

その結果、本来ならば自らユニフォームを脱ぐか、とっくに解雇になっておかしくないような選手が、いつまでも現役でプレーすることになります。しかしこれは考えてみればおかしな話です。

アメリカではメジャーリーグのことを**「ザ・ショウ」**と呼んでいます。スタジアムはミュージカルの舞台と同じで、そこで繰り広げられるベースボールという名のゲームは、観客をワクワク、ドキドキさせる「ザッツ・エンターテインメント」でなければなりません。当然、**舞台に上がれるのは、常に最高のプレーを演じられる最高のプレーヤーに限られます**。

力が衰えているにもかかわらず、個人的な記録にこだわり一年でも長くプレーをしようなどと考える選手は、ファンに対して失礼であり、お呼びがかかりません。ですからそんな未練がましいことを考える選手は、まずメジャーリーグにはいません。たとえいたとしても、そんな選手がフィールドに現れれば、たちまち観客席からブーイングが浴びせられるし、もとよりベンチは使いません。

力の衰えた選手は、メジャーリーガーとして残れない厳しい現実があります。

ダメなら別の道を考える

私は1992年にカンザスシティ・ロイヤルズに入り、主にスカウトなどのチームスタッフを5年間務めた後、1997年にカナダのモントリオール・エクスポズ（現ワシントン・ナショナルズ）に移籍しました。以来、アジア太平洋地域におけるエクスポズのすべての事業を統括するインターナショナル・オペレーション・ディレクターの職にありました。

私はこの間、力の衰えた選手、あるいは実力の限界を感じた選手の様々な身の処し方を間近に見てきました。**彼らに共通していたのは、「ダメなら別の道を考える」**です。

私がロイヤルズにいた当時、傘下のマイナーチームにカナダ出身のアンディー・スチュアートという捕手がいました。7年間の下積みを経て、ようやくメジャーリーグへの昇格を果たしましたが、翌年にはフィラデルフィア・フィリーズにトレードされ、再びマイナーに逆戻りしてしまいました。

しかし彼にはツキが残っていました。1999年のシーズン終了後、カナダのナショナル野球チームのメンバーとして出場したシドニーオリンピック北米予選での活躍がトロント・ブルージェイズのゼネラルマネージャーの目にとまり、同球団にトレードされることになりました。

地元カナダのチームへの移籍とあって、彼は大喜びしメジャー復帰へ向けてこれまで以上に意欲的な姿勢を見せていました。

ところが2000年のシーズンが始まる直前、私のもとに、スチュアート本人から思わぬ電話がありました。

「実は現役を引退することにしたんだ。明日からブルージェイズのブルペンキャッチャーとして働くことになった」

そう言うのです。

彼はまだ29歳で、聞けば、ケガをしたわけでもひどく調子が悪かったわけでもありませんでした。ではなぜ現役を引退し、ブルペンキャッチャーになろうと思ったのでしょうか。

日本なら「まだ30歳前なんだから、もう1～2年プレーしてみたらどうか」となるのが普通かもしれません。しかし彼の考えは違っていました。

「年齢的に早いのはわかってる。身体的に衰えたわけではないし、もう一度メジャーリーグに上がってプレーする自信だってある。でも野球殿堂入りできるような凄い成績を残せるかとなると、それは難しい。そこで考えたんだ。選手で一流になるのが難しいなら、監督で一流を目指そうって。

それにはまずコーチの勉強が必要だが、シーズン開幕直前の今の時季では、マイナーチームのコーチの口だってみんな決まっている。到底空きはない。でも監督を目指すと決めた以上、今すぐコーチの勉強を始めたいんだ。それにはコーチの側でずっと仕事ができるブルペンキャッチャーになるのが手っ取り早いと考えたのさ」

急がず焦らずコツコツやる時代は終わった

「堅忍持久」「堪忍は一生の宝」で何か一つのことを石に齧《かじ》りついてでもやり遂げることが美徳とされる日本では、道半ばでやめたり方向転換したりすることは、辛抱が足りないとか恥ずかしいことだとされ、しばしば非難の対象になりかねません。

しかしアメリカでは、**やるだけやってダメならさっさと別の道を考える**。それが当たり前の社会です。

例えばメジャーリーグの場合、チームの調子が悪く、負けが込んでくれば、監督はそれまでとは違う戦い方で試合に臨みます。打順を大幅に変えたり、選手を思い切って入れ替えたり、ヒットエンドランを多用したりと、何かしらの打開策を必死に模索します(日本も今ではどんどん変化していますが)。

今までと同じことをやっていてもしょうがない。何か違うことをやってみよう。狩猟民族の国アメリカでは、そうすることが当たり前だと考えられています。

ビジネスの世界では能率が上がらない、なかなか利益が出ないとなれば、大胆に仕事のやり方を変えます。しかし日本では「もう少し様子を見てみよう。市場環境が変われば、また業績が回復するはずだ」となかなか仕事のやり方を変えようとしません。

この悪しき慣習がもろに裏目に出たのがＩＴ（情報技術）革命への対応の遅れです。ＩＴはドッグイヤー（犬の年齢）といわれ、1年が7年分のスピードで進むとされています。それだけイノベーション（技術革新）の展開が急で、モノや情報もケタ違いの速さで進化するのです。次々に進むインターネット関連の技術を見れば、それがどのようなものであるか、素人でもおおよそ見当がつくはずです。

今の時代、**石の上にも三年などと悠長に構えていたらあっという間に置いていかれてしまいます**。急がず焦らずコツコツと、別の道を探ることもせずに、来る日も来る日も同じ研究、同じ戦略を続けていればいい時代は終わったのです。

こうしたスピード経営の時代に必要なのは、変化への機敏な対応力です。半年、1年やって芽が出そうになければ、思い切って戦略を練り直す。そういう柔軟な発想が欠かせません。

しかし変化を好まない日本社会には、残念ながらそうした機敏で柔軟な対応力が決定的に欠落しています。

それ故ＩＴ革命に後れを取ったのです。そして21世紀のキーテクノロジーといわれるバイオ研究でもすでに欧米に後塵を拝しています。

積極的思考のウソ

「人生を勝ち抜くためには積極的思考が必要。ポジティブに物事を考えることが成功への近道です」

よくそう言われます。書店をのぞいても、やれプラス思考だ、前向き発想だと、この手のタイトルの本がやたらと目につきます。

ある本では、積極的思考の人と消極的思考の人との違いを、こんな風に述べています。

「テーブルの上にコップがあります。中に水が半分入っています。消極的思考の人はこれを見て、もう半分しか残っていないと暗い顔をする。積極的思考の人は、しめた、まだ半分残っていると明るい顔をする」

否定的に見ようが、肯定的に見ようが、コップに残った水の量は半分です。その事実に変わりはありません。だったら、まだ半分残っていると明るく肯定的に考えた方がいい。その方が困難な状況にあっても何かしら可能性が見出せるし、希望も湧いてくる。否定的な見方ばかりしていたのでは、ますます絶望的な気持ちになって、希望が遠のいていきます。ものは考えようで、何事も積極的に考えた方が人生のプラスになる、というのです。

こうしたプラス思考のブームの影響なのでしょうか、最近では多くの企業でポジティブシンキングが奨励され、販売戦略などに反映されています。プラス思考が善で、例えばある企業の営業部長などは、「売れると信じて売れば、必ず売れる」と部下にハッパをかけまくっています。

しかし、売れると信じて売れば、本当に売れるのでしょうか。

それは例えてみれば、「打てると信じて打席に入れば、必ずホームランが打てる」とか、「取れると信じてマウンドに登れば、必ず三振が取れる」と言っているようなもので、**実際にはおまじないと変わらない話**です。

「打てる」「抑えられる」と信じるだけで、ホームランが打てたり、三振が取れたりするなら、誰だって苦労はありません。「できる」「成し遂げられる」と思う気持ちはとても大事ですが、それだけでコトが成就するほど人生は簡単ではありません。

にもかかわらず、現実には根拠のない自信が世の中に蔓延《まんえん》しています。特に若者世代に急増中で、ついこの間も大手企業で人事部長を務める知人からこんな話を聞きました。「最近やたらと自信過剰の人間が増えました。『今の仕事は俺にふさわしくない』と言う。『あなたにはまだまだ学ぶべきことが多い』といくら説明しても納得しません」

根拠のないプラス思考ほど質《たち》の悪いものはありません。

プラス思考というのは、**物事を肯定的に捉えようとするあまり、ことさらにマイナスの要素を排除する傾向があります**。

安易なプラス思考から教訓は生まれない

失敗、敗北、挫折、屈辱。**人間を鍛え、成長させるのは、多くの場合ネガティブな事柄**です。苦い経験や失敗したことが反省や教訓となってその後の人生に役立つため、いい薬になるのです。

ただしそれには、自分の犯した失敗を正視し、深く心に刻み込む作業が不可欠になります。

例えば書類上のミスから取引先への納品が遅れる、というヘマをしでかしたとします。上司には「何やってるんだ、失敗なんかするな」と叱られましたが、幸い同僚の指摘でミスに気づくのが早く、取引先との関係にヒビが入るようなことがなかったとしましょう。

この際、「大事に至らなくてよかった。ものは考えようで、俺にはまだツキがある」などと安易なプラス思考に逃げているようでは、本当の意味での教訓にはなりませんし、ヘタをすると喉元過ぎれば何とやらで、いつまた同じ過ちを繰り返さないとも限らないのです。

教訓とは深い反省から生まれるものです。それには**安易なプラス思考は邪魔になるだけ**です。

必要なのは、自分にとって都合の悪いこと、つまり失敗の原因となった自分のマイナスの側面と顔を背けることなく向き合い、「いったい俺の何がいけなかったのか」と**鋭く自分を分析するような「正しいマイナス思考」**です。「自分を甘やかすことなく、厳しく見つめ直す心」と言い換えてもいいかもしれません。

自分を甘やかしたのでは元も子もありません。「人を恕むより身を恕め」で、自分の至らなかった点を謙虚に見つめ、反省することです。そうすれば、胸に刻み込まれた千載の恨事も、英国の劇作家サウザーンが言うように、「落胆の原因ではなく、自分を鍛え成長させるための新鮮な刺激になる」はずです。失敗の本質とは、成功に至る第一歩なのです。

そのように失敗や恥辱を教訓とできるなら、上司への複雑な思いも、「いつの日かこの汚名をそそぎ、見返してやる」といい意味で自分を成長させるバネにすることができます。

アメリカ流の「正義」とは

メジャーリーガーは一流の紳士ばかりです。それと矛盾するようですが、乱闘事件が多いこともメジャーリーグの特徴です。それだけ真剣にゲームに取り組んでいるという証拠なのですが、乱闘事件が起きると、第三者であるコミッショナーからペナルティーが科せられます。

以前こんなケースがありました。

ニューヨーク・ヤンキースとボストン・レッドソックスの試合で、ペドロ・マルティネス投手に向かって突進したヤンキースのドン・ジマーコーチは、3000ドルの罰金を科せられました。もっとひどければ、罰金プラス出場停止処分になります。

トラブルが起きたとき、当事者同士は当然自分たちが正しいと主張しますから、誰か間に立つ人が問題を裁かなくてはなりません。**ゲームの進行については審判が、それ以上のことについてはコミッショナーが裁く**、というのがメジャーリーグにおけるルールです。それを「正義」とみなすことにしているのです。

例えば、2人の子供がいる家庭で、お母さんが丸いパイを渡すとき、日本だったらどうするでしょうか。「仲よく分けるのよ」「喧嘩しちゃダメですよ」と声をかけるか、あるいはお母さんが公平になるように切ってから渡すはずです。

子供たちに自然に「正義」を教えたいアメリカの家庭では、切るのは子供たちに任せます。

ただし、そこに一つのルールがあります。「切った人は後で取る」というルールです。お兄ちゃんが切ったのなら、弟が先に取る。弟が切ったら、その逆です。切った人が先に取っていいのなら、不公平に切って、大きい方を取るでしょう。しかし相手が先に取るのですから、不公平に切ると相手が大きい方を持っていってしまいます。

そうならないために、自分が最大限に大きなパイを取ろうと思ったら、正確に2つに切るしかありません。この「切った人が後で取る」というようなルールを話し合いで作り、それを厳格に守っていこうというのが正義感です。

話を戻します。乱闘事件をコミッショナーが裁き、罰金が言い渡されると、選手会の方からそれに対するクレームがつけられることがあります。

「以前同じような事件が起きたときには、2000ドルの罰金だった。今回だけ5000ドルというのはおかしい」というような論調です。**一方的な裁定に終わらず、必ず救援措置が用意されている**わけです。

また、ペナルティーの罰金は一律ではなく、その選手の年俸によっても変わります。年収20億円の人と1000万円の人が同じ罰金だと、インパクトが違いすぎて不公平だからです。したがって、双方が悪いと裁定されても罰金は片方が20万ドルでもう片方が3000ドルというように、物凄い差がつくことがあります。

これもまた、アメリカ流の「正義」なのです。

アメリカでは、自動車会社が訴えられて、巨額の賠償金を言い渡されることがよくありますが、これも同じ考えです。「たくさん稼いでいるものは、悪いことをしたらたくさん払わなくてはならない」という論理に基づいているのです。

また、日本ではたくさんお金を稼いだことを大っぴらに口にすると、世間に嫌われてしまいますが、**アメリカは「儲けた人が偉い社会」**で、「たくさん儲けました」と言ったら、よくやったと拍手喝采を浴びます。やはり多民族、狩猟民族国家であるアメリカとは、国民性、文化の違いが大きいのでしょう。

「いらない人」は一人もいない

日本ではこれまで、「みんなと同じことをやっていないと落ちこぼれになる」という考えがありました。最近では、「ちょっとでも役に立たないとリストラされ、切り捨てられる」という妙な常識に変貌してきました。

「落ちこぼれ」とは、社会や組織の落伍者です。周りから「いらない人」「いらない社員」などと烙印を押され、誰からも必要とされない人のことです。しかし、本当に誰からも必要とされない人などいるのでしょうか。

アマゾンのインディオたちには全員役割があります。長老は村を統率し、男性たちは狩りをし、女性たちは食事、家事、育児を担当します。子供を教育する人、壊れた道具を修理する人、ケガ人の手当てをする人と、全員がそれぞれの能力に応じて何かの仕事を分担しています。だからこそ、**身分の差別なくお互いが相手を尊重して生きていくことができる**のです。

メジャーリーグは、入団してくる新人選手たちの5パーセントしか生き残れないという競争の激しい世界ですが、どこにも「落ちこぼれ」という概念はありません。ですから、メジャーリーガーが偉くて、マイナーの選手が偉くないというようなことは誰も考えていません。

メジャーリーグの舞台で活躍できなかった人は、「狩りを担当したかったが、家の修繕の方が向いていた」というインディオと同じです。選手ではなく、トレーナーをやった方がその人の個性をいかせるのかもしれませんし、フロントスタッフとして球団運営や経営に加わった方が能力を発揮できるかもしれません。

メジャーリーグの組織は、常に「適材適所」で人をいかすことを考えています。

インディオの知恵と同じで、すべての人をいかすことが、組織全体の力を最大化させると考えているからです。

ただし、その中で生きがいを感じて生きていくためには、黙って列に並んでいるような態度ではいけません。きちんとした目標を持って人生を歩み、**自分の個性、能力、特質を見つけ、それをアピールしていくことが必要**です。

誰かが見つけてくれるのを待っているのではなく、自分から「私はこれができます。

これに関する知識を人よりもたくさん持っています。この仕事を私にやらせてください」と発言することが、自分のチャンスを増やすことにつながります。

インディオでもメジャーリーグでも、「いらない人」などという常識は存在しません。「特徴をいかせる場所は、どこかに必ずある」というのが常識です。

世界の中で、日本の常識で生きようとすると少々違いがある、ということを頭において行動するということが大切です。

メジャーリーグでも一流といわれるフロントスタッフや監督、選手のやっていることは、日本的に考えれば、非常識なことばかりです。しかし、だからこそ彼らは成功し、実績を残すことができるのです。

「日本の常識は世界の非常識」

「日本の常識を捨て、日本の非常識を身につける」

いわゆる**常識といわれているものを否定することによって導きだされる意識、つまり「否常識」**。

これがあなたを成功に導くキーワードかもしれません。

INNING

2

自分の夢を堂々と語れるか

私たちは何のために生きているのか

私は17歳のとき、ある4つ上の先輩からこんな質問を突き付けられました。

「お前は何のために生きているのか」

先輩の投げかけてきた質問に対して「生まれてきたから生きている」としか答えることができませんでした。そればかりか、突然そんな質問をしてきた先輩に腹立たしい気持ちが湧いてきました。

「いきなりそんなことを聞かれても答えられるわけがないでしょう」

これが高校時代の私の本音です。

当時の私はまだ子供だったのだと思います。幼い子供は目を輝かせて「なぜ蝶々は空を飛べるの」「なぜ夜になると暗くなるの」と尋ねますが、「何のために生きているの」「何のために生まれてきたの」という質問をすることはありません。自分の周りで起きること、事柄には好奇心を持ちますが、自分自身について深く考えることはあまりありません。そうした状況と同じだったのかもしれません。

彼の質問が自分と向き合うきっかけを与えてくれました。

自分は何のために生きているのだろう？

一生懸命、勉強して立派な社会人になるためにだろうか？　**立派な社会人とはどんな人だろう？**

夢に向かって突き進むこと、夢のために生きていくことかもしれない。ところで**自分の夢は何だろう？**

幸せになるためではないだろうか？　でも**幸せってなんだ？　どうしたらなれる？**

いろいろ考えましたが質問に対するヒントがなかなか見つからず、納得する答えも見つかりませんでした。

そして私は「アマゾンへの旅に出る」という結論を出しました。

なぜ南米のアマゾンに旅立つことが答えなのか、首をかしげる人も多いかもしれません。結局のところ「何のために生きているのか」という質問に対して答えが出なかったのです。

ただ自分の周りを見渡すと、みんながお金を稼ぐために必死になっていることに気がつきました。どうやら、お金が今や人間が生きるための主役の座を占めているようでした。しかし、実際にお金を稼いだことのない私には、お金が人生の目的とは思えませんでした。

本当にお金が生きるための目的になるのだろうか？　お金を一度自分の頭から外してみたら、そこに素朴な人間本来の生き方が見えてくるのではないか？

そう考えて、体験してみるしかないと、アマゾンに行きお金を必要としない生活を送ってみようと決心しました。

「お金のない生活＝アマゾン」というのも、今から考えると短絡的な発想ですが、幼い頃、雑誌や写真で見たアマゾンの姿が、私の心の中にずっと引っ掛かり続けていたのでしょう。「他人と違ったことをやってみたい」という気持ちがあったのも事実です。

「何のために生きているのか？」という先輩の問いに端を発し、私はアマゾンへと旅に出ることを決意しました。**お金が人生のすべてなのかどうかを確認するために**。

まず旅費を稼ぐために、大学卒業後、築地の市場で仲買の仕事を手伝いました。今でいう「フリーター」のはしりでした。今でこそフリーターという言葉は市民権を得ていますが、その実態は紛れもない無職です。大学を卒業してそれなりの企業に就職するのが当たり前の時代でしたから、周りの人間は私を変わり者と捉えているようでした。

しかし、そうした目を気にしていても仕方がありません。「アマゾンへ行くために就職しなかった」などと言えば、それまで以上に好奇の目が向けられることもわかっていました。ならば黙っていればいい。私にできることは自分の目的のために黙々と働き続けることだけだと思いました。

そうしてお金を貯め、アメリカに渡りました。そして24歳のとき、生まれて初めてアマゾンの地を踏みました。

雑誌や写真でしか見たことがなかったアマゾン川。川の対岸ははるか遠くにあり、薄くぼやけていました。熱帯の地域に育った緑色の樹々が川の周囲に生い茂る。そこには写真の小さな枠には収まり切らない世界が広がっていました。

しかし、今回の旅は観光が目的ではありません。いつまでもアマゾンの大地に見とれているわけにはいきません。お金を必要としない生活が可能かどうかを、自分の身をもって確かめるために来たのです。

まずは食料の確保を考えました。幸い、現地には野生のバナナが豊富にあり、とりあえず飢え死にすることはなさそうでした。

そのうちに小さいワニやヘビを捕まえて食べるようになりました。日本での食生活に慣れ親しんでいたため、それだけでは物足りなさを感じたのも事実ですが、毎日食べ続けているうちに、今度はアマゾンの食生活に慣れ親しむようになりました。

少し抵抗がありましたが、ピラニアやカメを食べたりすることもありました。日本では考えられないような生活かもしれませんが、現地で暮らしているうちに慣れていったのです。

生きるということだけを考えれば、一枚の硬貨も必要ありませんでした。**お金がなくても人は生きていけます。そのことをアマゾンで自給自足の生活をしながら身をもって体験しました。**

何か一つでいいのです。ないということを一度経験すると、モノの見方が大きく変わります。お金が周りにあるという生活を送っていると、お金がない生活を想像できなくなってしまいます。

お金のない生活をしてみたら、それがなくては生きていけないと勝手に思い込んでいただけなのかもしれないと気がつきました。お金を自分の生活の中心に置くことで、お金の持つ魔力から逃げられなくなってしまう。お金の周りを人間がぐるぐる回るのです。

お金以外にも、「家族がなければ」「仕事がなければ」「知識がなければ」といった、今自分が大切だと思っていることを引き算してみると……。

そこで初めて物事の本質が見えてくるのかもしれません。

まずは、**自分が必要だと勝手に思い込んでいるもの、これらを取り払って自分の人生を見つめてみる。**それができなければせめて真剣に想像してみる。そのうえで、「何のために」という質問の段階へと足を踏み入れるとよいでしょう。

挑む人になる

将来、パイロットになりたい、歌手になりたい、弁護士になりたい、メジャーリーガーになりたい。人間誰しも子供の頃には夢を描きます。「そういえば小学校の作文にそんなことを書いたっけ」と幼い頃の夢を思い出す人もいるでしょう。

では、その夢はかなったでしょうか。あるいはかなえようと必死に努力したでしょうか。
多くの日本人は、「ノー」と言うかもしれません。そんな夢を描いたことすら、いつの間にか忘れて、全く別の道を歩いてきたのではないでしょうか。

アメリカ人と比べて思うのは、**日本人は「敗北のメッセージ」に弱すぎる**ということです。「君は野球をやるには足が遅すぎる」「肩が弱すぎる」「体が小さすぎる」、こうした他人の能力を否定する言葉をアメリカでは「敗北のメッセージ」と呼んでいます。親や指導者やチームメイトが発したこのような何気ない一言をまともに受けて、「やっぱり俺には野球は無理だ」「プロ野球選手になんかなれるはずがない」とろくにチャレンジもしないで、白旗を掲げてしまうのです。

アメリカ人は違います。たとえ敗北のメッセージを聞いたとしても、「それがどうした。俺は野球が大好きで、メジャーリーガーになるのが夢なんだ。そのためのチャレンジをまだ十分にしていない。納得できるまで俺はチャレンジし続けるつもりさ」と当たり前のように考えます。

人の言うことなど関係ない。要するに自分はどうしたいのかという話なのです。

実力があってもメジャーを目指すとは限らない

夢の追い方は人それぞれです。野球が好きで上手なのに「弁護士になるのが夢」という人もいれば、それほど上手ではないけれど野球が大好きで「メジャーリーガーになるのが夢」という人もいます。

私はカンザスシティ・ロイヤルズに所属していたとき、カリフォルニア州とメキシコ地区担当のスカウトをしていたことがあります。当時ある大学で、鍛えれば十分メジャーリーガーになれそうな素晴らしい素材の選手を見つけました。

私はすぐに「ロイヤルズに来ないか」と声をかけました。しかし彼の返事は、実にそっけないものでした。

「折角ですけど、その気はないんです」

理由を聞いたとき私は、納得せざるを得ませんでした。彼の夢は医師になることで、メジャーリーガーになることではありませんでした。

スカウトをしていたからよくわかることですが、アマチュア野球のトップレベルの選手の中には案外こういうケースがあって、メジャーリーグからの誘いを断る人も少なくありません。入りたくても入れない選手がごまんといるのになんともったいない話ですが、彼らはそれを惜しいなどと思っていません。医師、弁護士、会計士、起業家、牧師など、夢は別のところにあるからです。

納得できるまで、やるだけやる

一方、当初はスカウトの目にとまるほどの実力はなくとも、夢を諦めずに追い続け、ついにはメジャーリーグのフィールドに立つ選手もいます。

テキサス・レンジャーズのジェフ・ジマーマンという投手もその一人です。

カナダ出身のジマーマン選手は、高校、大学でそれなりに活躍し、カナダのナショナル野球チームのメンバーにも選ばれました。しかしメジャーリーグのドラフトにはかかりませんでした。彼はがっかりしましたが、野球をやめるつもりはサラサラありませんでした。

そんなとき、大学の教授から、「フランスでプレーしてみないか」とすすめられました。フランスには日本の社会人野球に相当するセミプロリーグがあります。最初は気が進みませんでしたが、とりあえず野球が続けられるならと、その中の一つのチームと契約し1年間プレーをしました。

そして再びメジャーリーグのドラフトを待ちましたが、またしてもジマーマン選手を指名する球団はありませんでした。さすがに彼も観念し、一度はボストンで就職先を決めましたが、やはりどうしても夢を諦めきれません。そこで「最後にもう一度だけ」とメジャーリーグ30球団に手紙を出して、「自分の実力を見てくれ」とアピールしました。すると一つだけ、「よしわかった、それならテストしてみよう」と返事をくれた球団がありました。それがテキサス・レンジャーズでした。数日後、彼が人生をかけて投げ込んだ渾身のストレートを見たスカウトは、すぐにカバンから書類を取り出し、こう言いました。

「この契約書にサインしてくれないか」

契約を済ませた彼が、すぐにボストンの就職先に断りの電話を入れたのは言うまでもありません。

普通、大学生は3年次、つまり21歳のときにドラフトで指名されます。ジマーマン選手は在学中にドラフトにかからず、その後、フランスで1年プレーしていたので、テキサス・レンジャーズにテスト入団したときは、すでに24歳になっていました。

明らかに遅いスタートでした。しかし、彼は、そのハンディをものともしないで、マイナーリーグを1年経験しただけで、すぐにメジャーリーグにはい上がると、たちまちセットアッパー（中継ぎ）として素晴らしい仕事をするようになりました。

その活躍が認められオールスターゲームにも選ばれたのです。夢の球宴のマウンドに立ち、一流のメジャーリーガーを相手に投げる。それは、メジャーリーグを夢見てフランスまで渡った男にとって、奇跡のような至福の瞬間であったに違いありません。

ジマーマン選手の物語は一つの真実を私たちに教えています。

それは、夢を実現しようと思ったら諦めずに挑み続ける、ということです。夢は諦めてしまえばその時点で終わりですが、諦めなければいつまでも継続します。**夢は諦めたときに終わるのです**。

ただし前にも述べたように、人生にはいい意味での諦めのよさが必要なときもあります。継続することが必ずしも力にならないことがあるのもまた真実で、その辺をいかに判断し見極めるかで、夢の行方も決まってきます。

夢に向かって挑み続けることは素晴らしい。しかし夢を諦めることで拓ける道もまたあります。どのように考え行動するかは人それぞれですが、個人的には「**納得できるまでやるだけやって、それでダメならスパッと諦める**。後のことはそのとき考えればいい」そのくらいのおおらかな気持ちで夢に挑んでほしいと思います。

実際、アメリカにはそんな若者がたくさんいて、「俺はまだ諦めない。全然納得していない」と見果てぬ夢を追いかけています。

メジャーリーグでいえば、ドラフトで指名されなかった選手たちが、ジマーマン選手のように各球団が主催するトライアウト（入団テスト）に果敢に挑戦しています。トライアウトは全米各地で行われ、だいたい一回に50～100人ほど参加します。大きな都市になると、200人くらい参加することもあります。

参加者の中には、落ちてもめげずにトライアウトの会場を渡り歩き、何度も何度も入団テストを受け続ける選手もいます。

しかし全米（北米大陸）に張り巡らされたメジャーのスカウト網は、アリの子一匹見逃さないほどの情報収集力を持ちます。優れた人材を見逃すはずはなく、通常、マークされた選手は漏れなくドラフトにかかります。

つまりドラフトにかからずトライアウトに挑戦してくるような選手は、スカウトの眼鏡にかなわなかった、どこか魅力に欠ける面白みのない選手ということになります。このため埋もれた原石が見つかることは滅多になく、トライアウトの合格者は毎回ほぼ皆無に等しいです。

その意味では、ジマーマン選手のようなケースは極めて稀といえます。しかし稀なことはたまにあるから面白い。なんと1989年にMVPに輝いたケビン・ミッチェル選手（1995年に福岡ダイエー〈現ソフトバンク〉に在籍）や、強打のスイッチ・ヒッター、ボビー・ボニーヤ選手（ピッツバーグ・パイレーツなど）などもトライアウトの合格者でした。

テスト入団からメジャーリーグのスーパースターにまではい上がるのは、メジャーリーグ究極のアメリカンドリームです。

なぜ夢を忘れてしまうのか

なぜ夢を追いかけようとしないのか？

小学生の頃、「大きくなったら何になりたいですか」というテーマで作文を書いた記憶はありませんか。職業の種類などほとんど知らないのですが、子供ながらも一生懸命頭をひねって、自分なりの職業とその理由を書いたものです。

お医者さんになりたい、パイロットになりたい、プロ野球選手になりたい、メジャーリーガーになりたい……。最近なら、ユーチューバーでしょうか。

たくさんの人の病気を治すことができるから。大空を自由に飛び回ることができるから。多くの観衆の前でホームランをかっ飛ばしたいから。

今考えれば、その理由も「なんと幼かったのだ」と微笑ましくなります。

何も知らないから自由に書ける。自由に夢を語っている自分がいたのではないでしょうか。

しかし、大人になってからも幼い頃と変わることなく、自分の夢を堂々と語れる人はどれくらいいるでしょうか。

「医師になって多くの人を救いたい」

例えば、30歳を過ぎて他人の前でこうした言葉を語れるでしょうか。現実にはなかなか語れないと思います。

なぜでしょうか？

それは、心のどこかで「他人に笑われる」という意識が働くからです。

小学生の頃までは、まだ自分や他人の才能がどのようなものなのかはっきりしません。長所や短所もわからない。自分の才能に対して未知数の部分が大きいので、この頃はどんな夢を語っても、みんな微笑んでくれました。

しかし、年を重ねるとともに、自分の力を周りと比べて判断するようになります。医師になるためには普通の人の何倍も勉強しなければならないことを知ります。

こうした現実を知ることによって、幼い頃に描いた夢を顧みなくなります。自分にとってはその方が都合がいいからです。

こうした幼い頃に抱いた夢は、空気が抜けていく風船のようにだんだんしぼんでいきます。そして最後には消えてなくなってしまいます。

これが夢を忘れる一つのパターンです。

そこで私たちは誰かに相談します。「夢に向かって進みなさい」と自分の背中を押してくれる人を探して。

しかし現実は、将来プロ野球選手になりたいと願っていても、「頑張れ、君ならできる」と応援してくれる人間は少ないでしょう。「君は足が遅いし、肩も弱いからプロでは通用しない」、「プロ野球選手なんて、体を壊したらそれで人生終わりだ」。こんなメッセージしか送ってきません。

「お前には無理だろう」「君にはできるはずがない」、こうした他人の能力を否定する「敗北のメッセージ」です。

もちろん、途中で挫折するかもしれません。自分でもそのことはよくわかっています。

現状ではかなえられそうもないことに挑戦するから「夢」なのです。

にもかかわらず、トライをする前に「成功しない」と周りは断言する。勝手に無理だと決めつけます。

そして、「やっぱりそうだよね」と諦めてしまうのです。このような言葉に振り回されて、自分の純粋な志が閉ざされてしまいます。

これも夢を忘れるパターンです。

私にはメジャーリーグのオーナーになるという夢があります。私はこの夢を多くの人の前で語ってきました。公言することで自分自身にプレッシャーをかけたいと思っているからです。

するとやはり、「日本人がそんなことできるわけはないでしょう」などと私に「敗北のメッセージ」を送ってくる人がいます。

そこで私はその人に尋ねます。

「なぜできるはずがないのですか？」

「今までなった人はいないでしょう」

「だから一番初めになりたいんです」

「そんなにお金があるのですか。現状ではとても無理なんでしょう」

「確かに現状ではメジャーリーグのオーナーになる資金力はありません。それは認めます。しかし、あなたは私の未来まで否定するのですか。私の将来の可能性までも？」

私は**自分の夢は堂々と語るべき**だと思います。誰でも自分の未来を予測するのは困難です。ならば自分の未来は他人によって決定されたくありません。

「夢がかなえられなかったときに恥ずかしい」とか、「現実や自分の能力がわかっていない人間だと思われてしまう」とか、そんなことを考えて夢を語ることをはばかる必要はありません。

あなたが心配しているほど周りの人間はあなたの将来に対して注目はしていません。これは自分自身を考えてみればわかります。あなたは誰か他人の将来に対して、真剣に心配しているでしょうか？

「敗北のメッセージ」を送る人たちにも、**本当は自分の心の中で温め続けた夢や目標があるはず**です。

会社を辞めて独立した人間に対し、心の底では失敗を願っている同僚もいるかもしれません。こうした同僚たちは、「悔しい」という気持ちが抑えきれないのだと思います。

夢が見つからず、あるいは夢を捨てて暮らしてきた。おそらく一生、この状態は変わらないだろうと彼らは思っているのです。ですから「あいつは夢に向かって挑戦しようとしている。自分には許されなかったのに、あいつは許されるなんて不公平だ」などと考えてしまうのです。

あなたの失敗を願っている敗北のメッセンジャーがいるとしたら、その人は単に自分の世界から抜け駆けする人が許せないだけなのです。自分と他人が同じでなければ気がすまないのです。

本当は、自分だって**夢に向かって挑戦することが許されている**のに、縛られていると考えることで自分が行動しないことを正当化し、そして他人までをも自分がいる世界に必死に引き留めようとします。

そうした人たちが発する言葉に引きずられる必要などありません。彼らのメッセージが原因で、あなたの純粋な志がしぼんでいくのはもったいない。30歳からだって、医師になることはできるのです。「やればできるかもしれない」と考えている自分がいるのなら、それこそがあなたの夢が心の奥底に引っかかっている証拠なのですから。

INNING

3

目標との向き合い方

自分で考えて決断してこなかったツケ

知人の息子さんがこんなことを言っていました。

「なぜ、いい高校、いい大学を目指すかって？　そりゃ親がそうした方がいいって言うし、みんなもそうするから。だってそうすれば、いい就職ができるでしょう？」

そこには、どういう人生を送りたいのか、そのためにどのような職業に就きたいのか、それにはどんな勉強が必要なのか、といった自己との深い対話はありません。

まず先に人生の目標があって、「それには何をどうすればいいのか」と考えるのが当たり前の道筋なのに、**自らを深く見つめる作業を放棄している**ため、肝心のその部分がすっぽり抜け落ちてしまっています。すると、何のためにいい高校、いい大学を出て、いい会社に就職するのかを深く考えないまま大人になってしまうのです。

確かにバブル崩壊まではそれでもよかったのかもしれません。経済は右肩上がりで、企業も終身雇用・年功序列で社員を定年まで抱え込む余裕がありました。

いい高校、いい大学を出て、一流といわれる企業に就職すれば、多額の退職金も含めて、実際に人並み以上の暮らしが生涯にわたって約束されていたのです。その事実を前にすれば、なるほど、「まさにそれこそが人生の目標です」と考える人が多かったのも当然かもしれません。

しかしバブルが弾けて以降、そのような「幸福の図式」（いい高校、いい大学、いい会社、一生安泰）は、もはや幻想に変わってしまいました。一流企業も倒産するし、業績が悪くなれば、若い世代でもどんどん解雇される時代になりました。

「何がしたいというわけではないが、とりあえず、いい高校、いい大学を出て、いい会社に入れれば、それなりに幸福な人生が待っているんだろう」と、**漠然と甘い期待を抱ける時代は終わりました**。

小さい頃から「幸福の図式」でしか人生を考えてこなかった世代にとって、これは大変な衝撃ではないでしょうか。

無理もありません。この道をまっすぐ行けば、それなりに幸せなゴールが待っていると思っていたら、ある日突然「この先行き止まり」の標識が現れたようなものです。そこで初めて彼らは、誰かの敷いたレールではなく、自分の意志でその先の道を切り拓くことを迫られるのです。

しかし悲しいかな、彼らは子供の頃から自分で考え、自分の意志で決断する訓練をしてきませんでした。親や周りに合わせるばかりで、深く自分を見つめる作業を放棄してきました。結果として自我や主体性が十分に形成されず、それはつまり自分というものが確立できていないということになるのです。

まさに「僕って何?」で、そんな彼らに「この先の道は自分で切り拓きなさい」と言ったところで、「僕はどうしたらいいの?」と頭を抱え込んでしまうのも無理はありません。

途方に暮れた揚げ句のモラトリアム(猶予期間)。フリーター急増の正体は、**自分で考えることをせず思考停止を続けてきたツケ**ではないでしょうか。

社会の役に立つことを目標とする

目標が見つけられないという人もいると思います。そういうときは**「自分の仕事が人**

のため、社会のためになること」かどうかを考えるとよいでしょう。「歴史に名を残す大泥棒になる」というのは、社会のためになりませんから目標にはなりません。

もちろん人間の価値は様々ですが、財産や名声で決まるものではありません。どれだけ社会に必要とされるかという視点は価値を知る一つの指標となります。したがって、目標として掲げるものは、周りの人や社会が望むことがよいでしょう。

多くの日本人が意外に思う点ですが、アメリカでは巨万の富を持つ人でも、**社会に貢献するような活動をしていなければ、決して人々の尊敬を集めることはできません**。

マイクロソフトのビル・ゲイツが、何かというと悪口を言われるのは、彼の社会貢献が十分でないと考える人が多いためのようです。彼にしてみれば、すでに物凄い額の寄付や、社会奉仕をしているのでしょうが、築いた財産があまりにも巨額なために、「それではまだ足りない」と思われてしまうのです。

「自分さえよければいい」と自己満足を追い求めても、本当の意味での目標にはなりません。

フリーターをやっている若者に話を聞くと、「自分のやりたいことがわからない。だから、今は自分探しのためにフリーターをやっている」などと言います。それは、**自分が社会とつながっている存在であることを忘れているから**です。

人は社会と切り離して存在できる生き物ではありません。空を飛ぶこともできず、強力な牙も持たない動物である人間は、お互いが助け合うことによってのみ、繁栄することができると思っています。

ですから、人の役に立ち社会に貢献すると、心が弾むのです。それを忘れて人生設計をすると、やりがいのない、むなしい人生を送ることになります。

「人それぞれ価値観は異なる」といいますが、「価値観」とは自分の好きなことをすることだけではありません。ただ好きなだけなら、価値観ではなく趣味や娯楽と言い換えるべきでしょう。価値観というのは、「社会にどうやって貢献しようか」という考え方のことだと思います。

それが個人個人で違っているから、個性が生まれるのです。

メジャーリーガーで最も尊敬される人は、大記録を打ち立てた人ではありません。

立派な活躍をしながら、その一方で社会に貢献する活動をしている人こそが、「人々の模範」として尊敬されます。そういった選手や人々のことを、**「社会のロールモデル」**と呼びます。

自分らしく生きるには

生きがいとは、他の誰でもない自分独自の生き方を探し実践することです。それには自分の得意、不得意をよく自覚し、自分とはいったい何者なのかをきちんと理解しなければなりません。**自分らしく生きるには、まず自分をよく知る必要があります。**

それには次のようなことを心がけるとよいでしょう。

自分らしく生きる方法

・自分の得意なことを列挙し、何が一番際立っているかを把握します。
・自分の不得意なことを列挙し、何が一番際立っているかを把握します。

・性格上の特徴をよく理解します。
・得意、不得意と性格上の特徴を重ね合わせて、自分が最もいきる道を探求します。

自分を知るということは、自分にしかない特長を発見することです。それを見つけたらとにかく信じて、自分には他人より優れたこういう才能があると、自信を持つことです。そして他人の生き方に惑わされることなく、その才能がいきるような、他の誰でもない自分独自の生き方を探求していくことです。

自己実現は、自分の中に価値を見出すことから始まります。

心が変われば行動が変わる

他の誰でもない自分をつくることができれば、自ずと人生に大きな夢や目標ができるはずです。野球選手になりたい、パイロットになりたい、医師になりたい。夢ができれば、後はそれをどうやって実現するかを考えればいいだけのことです。

夢を実現するために目標を決めます。目標を達成するためのプランニングの策定は、夢を見つけることよりもずっと簡単です。夢さえ見つかれば、そのために自分が何をやればいいかは、たいていの場合自ずと決まってきます。心が変われば、行動も変わってきます。

例えば、それまでサッカーをやっていた人が「よし、俺はプロ野球の選手になるぞ」と人生の夢を定めたとすれば、何をおいてもまず野球を始めるでしょう。サッカーをやめてしまう必要はありませんが、そのままではプロ野球選手には絶対なれないのですから、とにかく野球を始めます。

そうやって心が変われば、必然的に行動も変わるわけで、後は**夢を実現するために最もふさわしい計画を立て、実行すればいい**のです。

仮に、メジャーリーグのマウンドに立つのが夢だという高校生がいるとしましょう。しかし今の球速は130キロ台そこそこで、メジャーリーグでプレーしていくには、いかにも苦しい。このような状況ならば、夢を実現するには、もう少しスピードを速くする必要があります。球速のアップこそが課題になります。

ではその課題をクリアするにはどうすればいいのでしょうか。

当然今までのフォームや練習方法ではダメで、現実的な方法としては、速球派の投手を育てるのがうまい名コーチのいる大学に進むことです。そこでフォームを矯正し、足腰を強くするための筋トレや走り込みなどをみっちりやることです。そうやって課題に取り組むことで１４０キロ、１５０キロと球速をアップさせ、メジャーへの道を自ら切り拓いていくのです。

アメリカ人はよくこう言います。

「心が変われば、行動が変わる。行動が変われば、習慣が変わる。習慣が変われば、運が変わる。運が変われば、必ず目的に到達できる。だからまず夢を持って、心を変えることです。それが成功への近道です」

自分が何者なのかを理解し、**人生に大きな夢や志を持つこと**。何かに挑む人になるには、まずはそこから始める必要があるのです。

目標を立てるときには少し背伸びをする

人間の能力は限界への挑戦によって高められます。自分が簡単にできてしまうようなことばかりしていたのでは進歩はありません。

例えばプロ野球の世界でいえば、3割打とうと思ったのでは、2割8分くらいしか打てません。3割2分を目指してやっと3割に手が届きます。人生とはそういうものです。

逆にいえば、**すぐに実現できてしまうような望みをいくら思い描いたところで、自分の能力は高められません。**「今の実力ではまず無理だろう」と思えるようなことにチャレンジして初めて、人は長足の進歩を遂げるのです。

日本人は大言壮語を嫌います。

三冠王を3度獲得した落合博満選手（ロッテ、中日、巨人、日本ハム）はその全盛時代、シーズン前によく「今年も三冠王を取る」と宣言しました。目標を高く設定することで自らを追い込み、さらなる飛躍を目指そうとした彼なりのパフォーマンスでしたが、一般の人には「大きなことばかり言っている」とあまり評判はよくありませんでした。

しかし人間が持つ可能性というのは、本人や周囲が考えているほど小さいものではありません。実際、落合選手は最初の三冠王は別として、2度目、3度目の三冠王は「取る」と宣言して、本当に獲得してしまいました。もしも彼の志が、「せめてタイトルの一つでも取れれば」などと小さいものだったとしたら、一つも獲得できなかったと思います。

人間は無限の可能性を秘めています。ですから志はできるだけ大きい方がいいのです。

とはいえ、人は無難な目標を立ててしまいがちです。なぜ無難な目標しか立てられないのでしょうか。

例えば、越えなければならない山があるとして、その山はどの程度の高さなのか？もちろん、人それぞれで一概にはいえないでしょう。しかし、自分を客観的に評価しているような気になって、山の高さを自分が登れる範囲に勝手に限定してはいけません。自分にはこれぐらいが相応だろうなどと考えてはいけないのです。

私たちは、**自分に釣り合った目標を立てることで、自分自身の可能性を制限してしまっている**のです。

私が以前在籍していたメジャーリーグのカンザスシティ・ロイヤルズに、マイク・スウィーニーという選手がいました。

初めて会ったのは、彼がロイヤルズに入団して4年目のスプリングキャンプのとき。その当時のスウィーニー選手は、2A、3Aを行ったり来たりするマイナーリーグの捕手でした。メジャーリーグでは、捕手が最も過酷で競争の激しいポジションといわれています。ましてや当時、ロイヤルズにはマイク・マクファーレンというベテランの捕手がでんと腰を下ろしていたので、スウィーニー選手がメジャーリーグの舞台で活躍するのは難しいように感じていました。

彼自身も、「メジャーリーグの世界で必ず活躍できる」という自信を持っていなかったようでしたし、「もしかしたら、自分には無理なのかもしれない」という不安を常に抱えていたと思います。

それでも彼はマイナーリーグで努力を続けました。メジャーリーグの世界に恋をしてしまったといっていいでしょう。高嶺の花と諦めるのではなく、自分の思いを努力という行動で示し続けたのです。

そしてその思いがかない、レギュラーとしてではなかったのですが、マクファーレン捕手の控えとして何とかメジャーリーグに昇格することができました。

ところが、メジャーリーグに昇格したのもつかの間、すぐにまた3Aへと転落してしまいました。その後もメジャーとマイナーを行ったり来たり。こうした生活を3年もの間繰り返しました。

実に長い下積み生活といえますが、それでも彼の心の中から「メジャーリーガーとして活躍してみたい」という気持ちが消えることはありませんでした。

「自分自身の素直な感情を何よりも大切にしたい」と考えていた彼は、決して目標から目を背けることはしなかったのです。

そしてある日チャンスは訪れました。

あるレギュラー選手が引退し、捕手というポジションではありませんでしたが、一塁手としてメジャーリーグの試合に出場する機会を得ることができたのです。

ようやく女神が彼に振り向きました。

その後、スウィーニー選手はレギュラーとしてプレーを続けました。長い下積み生活での努力が徐々に報われ、年々、打率、本塁打、打点がアップしていきました。そして、オールスターゲームに選ばれるまでになったのです。

越えなければならない山、つまり越えなければならない目標は、自分で考え、自分で決めなければなりません。しかし、それに挑むのは非常に勇気がいります。

ふられることを恐れるあまり、好きな相手に近づかないようにする心理と似ています。好きな人に告白できず終いで、いつまでも悔やんでいた経験はないでしょうか。告白したとしても思いは通じなかったかもしれません。しかしあのとき、せめて告白だけでもしておけばよかったと、後悔していないでしょうか。

目標も同じでしょう。

確かに達成できなかったかもしれません。しかしあのとき、挑戦だけでもしておけばよかったと思っていることはないでしょうか。

何かに挑戦しなければ、傷ついたり、失ったりすることはないかもしれません。しかし、**挑戦しなければ何かを得ることもありません**。心のどこかに吹っ切れない思いだけが残ります。

目標は少し背伸びをして立てた方がいいでしょう。達成できることがわかっているものを目標とは呼べません。

目標が達成できなかったときの自分をあれこれ想像する必要はありません。「自分にとってこれくらいが妥当な目標だろう」などと、始める前から自分の可能性を制限する必要もありません。

INNING

4

自分で考える力がないと成功はつかめない

キュリアス・キッズになれ

自分を知り、大きな夢を描いた後、それをかなえるには何が必要なのでしょうか。

それは、**人並み外れた探求心**です。

アメリカには「キュリアス・キッズ」「ホワイ・キッズ」という言葉があります。何にでも興味を持ち、わからないことに出くわすとすぐに、

「これ何?」

「あれはどういうこと?」

と周囲の大人を質問攻めにして困らせるような、好奇心、探求心の旺盛な子供のことです。

面白いことに、一流といわれるメジャーリーガーに話を聞くと、誰もが決まって、「俺はキュリアス・キッズだった」と答えます。

ボストン・レッドソックスにノマー・ガルシアパーラという選手がいました。

1997年の新人王で、99年は3割5分7厘、2000年は3割7分2厘で2年連続で首位打者を獲得するなどメジャーリーグを代表する遊撃手でした。彼もまた無類のキュリアス・キッズでした。

「出身はカリフォルニア州で、小さい頃はよく父親に連れられて地元エンゼルスの試合を見に行きました。当時の僕は、特に野球が好きだったわけでもなければ、エンゼルスのファンでもありませんでした。だけど試合を見ていると次々に疑問が湧いてきました。ストライク、ボールのルールに始まり、盗塁、ヒットエンドラン、内外野のフォーメーション、選手交代、とにかくわからないことだらけ。だからスタジアムに行くといつも、『あれは何？ どうしてああするの？』って父親に質問していました。

例えばランナーが二塁にいて、三塁側にバントしたら三塁手が捕りに出てくる。そしたら『三塁のカバーには誰が入るの？』こんな感じかな。それこそうんざりさせるほど、なぜ、なぜ、なぜって聞いていました。それにいつも父親が的確に答えてくれました。今の僕があるのは完全に父親のおかげです」

聞くは一時の恥、聞かぬは一生の恥で、知ったかぶりするのは一番よくありません。わからないことを放っておけば知らないままですが、勇気を出して質問すれば、いくらでも新しい知識を得ることができます。キュリアス・キッズには無限の可能性が広がります。

ちょっとした勇気がないばかりに、知ったかぶりをしていたのでは、せっかくの潜在能力さえ潰しかねません。

日本では小さい頃から親が子供に手取り足取り教えます。子供が質問する前に「これはこうだから、こうしなさい」と大人の知識を押し付けてしまいます。もう少し子供に考えさせる必要があります。自分で考えないことには、疑問も湧いてきません。

小さいうちに、自分で考え、質問する癖をつけさせないと、子供は強い探求心など持てません。

これでは大きな夢など描けるはずがないのです。

自分の才能は自分でスカウトする

自分を理解できず、課題が見つけられないという人がいます。理由は、コーチや監督を当てにしすぎて自分で考えようとしない、いわゆる他者依存の過多です。

よく日本では、「会社員の人生なんて上司次第」という言葉を聞きます。どれほど有能な人材であっても、それを上司が理解し、上手に使ってくれなければ、なかなか実力を発揮できず出世もできない、といった意味合いで使われることが多いようです。

確かにそうした面があるのは事実でしょう。しかしそれは一方で、自分の実力不足や努力不足を棚に上げ、「ついた上司が悪かった」と**すべて上司のせいにすることで、自分を正当化している**ともいえます。

「俺には力があるのに、それを上司が認めてくれない。無能な上司の下につくと、優秀な部下はたまったもんじゃない」というわけです。

「不遇」と本人が勝手に思い込んでいる状況の説明、「言い訳」にはもってこいの言葉なのです。

そういえば、かつて日本のプロ野球に「ベンチがアホやから野球ができへん」と言って現役を引退した選手がいました。そうやって自分のことは棚に上げて、すべてを上司のせいにしたのでは、謙虚に自分を省みるのは難しいです。

それこそぶつぶつと上司の文句を言いながら、自分を理解してくれる新しい上司が現れるのを待つしかありません。

メジャーリーグにもこの手のタイプの選手はゴマンといます。

しかし日本と違って選手層の厚いアメリカでは、そもそもコーチや監督に「俺の才能を認めてくれ」と願ったところで、似たようなレベルの選手はいくらでもいるわけで、最終的には自分で努力して結果を出してみせるしかありません。

マイナーリーグのコーチや監督にできるのは、選手に試合に出場する機会を与え、結果を残すチャンスをつくってあげることぐらいです。

もちろん、メジャーリーガーになるために必要な、技術的な指導や精神的なアドバイスはしますが、それを**自分のものにできるかどうかは選手次第で、すべては結果で判断されます**。

マイナーリーグのコーチや監督が選手を起用する場合の基準はただ一つ。メジャーリーグで通用する可能性を持った選手かどうかです。メジャーで活躍する選手を育てられれば、それは彼らの育成能力の評価につながるため、メジャーリーグで使えそうもない選手など、積極的にゲームで起用するはずがないのです。

マイナーとはいえ、そこには才能に恵まれた選手が数多くいます。メジャーリーグでの成功を夢見て中南米からやってきた選手たちは、加えて強烈なハングリー精神を持っています。そうした才能とやる気に満ちた選手との戦いに生き残り、メジャーリーグへの階段を上るには、座してコーチや監督から認めてもらうのを待っていても仕方がないのです。上に行きたければ、自分の力を認めさせるしかありません。

「早くメジャーリーグに上がりたい。他の連中に負けない自分の売り物は何だ？　それをいかすにはどうすればいいんだ？」そうやって自分で自分の才能をスカウトし、課題を見つけ、それをクリアすべく日夜努力するしかありません。

才能は見つけてもらうのではなく、自分自身で探し出し、磨くものなのです。

これはメジャーリーグで成功するための真実であり鉄則です。コーチや監督をあてにしているようでは、いつまでたっても自分の才能に気づかないし、課題も見つけられません。それでは力のつけようがありません。

「何とかなるさ」から「何とかする」へ

仮に、財布の中に1円しかなかったとします。そのときに「何とかなるさ」と考える人もいれば、「何とかしなくては」と思う人もいるでしょう。

「何とかなるさ」と考えることをプラス思考とは呼べません。現実には何とかならないからです。

「何とかなるさ」と思っているのは、他人が「何とかしてくれる」ということを期待しているからです。親に頼んでみる。友人に頼んでみる。会社に頼んでみる。きっと誰かが「何とかしてくれる」と信じているのでしょう。

「何とかなるさ」は「何とかしてくれる」に通じているのです。

確かに、休む間もなく常に全力投球は疲れるでしょう。しかし、一生懸命頑張れない人は、疲れるから自分を出し惜しみしているというよりは、やはり「何とかなるさ」という意識が、どこかで自分に対する甘えとなって全力投球させないのです。

それに「全力投球はみっともない」と考える人も多いです。一生懸命頑張って一つのことをやり遂げるよりも、何食わぬ顔でサラッとやり遂げた方がかっこいいような気がしてしまいます。しかし、現実にはサラッとできる仕事はあまりなく、結局誰かの力を借りることになります。

もし、あなたが今まで、他人からの敗北のメッセージに悩まされてきたのだとしたら、こうした他人任せな態度が原因だったのかもしれません。「自分で何とかしてやる」という意識が強ければ、他人の言葉はあまり耳に入らないはずです。

前述のジェフ・ジマーマン投手のエピソードは、まさに「何とかなるさ」から「何とかする」へ考え方を変えた好例です。

高校、大学と、カナダのナショナルチームのメンバーに選ばれた彼は、当然メジャーリーグのドラフトで指名されるとばかり思っていました。ところが、彼はどの球団からも指名されませんでした。

なんで俺は指名されなかったのだ。

この思いに強くとらわれた彼は、失意のもと何もする気が起きませんでした。自分で「何とかする」という考えが思いつかなかったのです。

それを見かねた大学の監督からフランスでプレーすることを提案され、多少躊躇《ちゅうちょ》はしたものの、メジャーリーグを諦めきれない彼は、ひとまず野球で生きる道を選択しました。

彼は気づいていたかどうかわかりませんが、結局、自分で何とかしたのではなく、他人が与えてくれたチャンスに乗りかかることに決めたのです。

そして1年間フランスでプレーをして、ドラフトで指名されるのを待ちましたが、次の年も残念ながらどの球団からも指名されることはありませんでした。

野球をやめ、就職先も決め、「これも新しい人生だ」と夢を諦め自分を納得させようとしました。

しかし、そこで彼は初めて気がついたのです。

「俺は今まで他人が『何とかしてくれる』としか考えていなかった。本当は、自分で何とかしなくてはいけなかったのではないか？」

彼は決意しました。

「たとえ同じように夢を諦める結果になるにしても、自分ができるだけのことをやってみよう。今度は自分で何とかしてみよう」

と考えたのです。

そして、メジャーリーグ全球団に手紙を送り、その結果テスト入団で契約を交わすことができたのです。

「何とかなるさ」と他力本願でいる限り、「なぜあの人は自分の実力を評価してくれないのだ」と他人の目を気にして生きていくことになります。

私たちは自分の潜在能力さえまともに把握していません。ましてや将来に対する能力なんて誰にもわかりません。

もちろん、誰にも向き不向きがあると思います。自分の能力を発揮しやすい場所と発揮しにくい場所というのもあるでしょう。

しかし、たった一度しかない人生です。自分が一番好きな道に進んでいけばいいと思います。

「何とかなるさ」から「何とかする」へ考え方をシフトしていきましょう。

コンプレックスをバネに変える

不平、不満、不具合、不快……。誰の心の中にも、たくさんの「不」があると思います。

自分自身の心の中にあるネガティブな部分。例えば、嫉妬、ねたみ、劣等感などといったものは、完全に取り除いていくことはできません。

ならば上手に付き合っていくしかありません。

多くの成功者に共通するのは、彼らがあえてそれらと向き合い、逆にバネにして成長を遂げているということです。

それには**自分が劣っていると思うことを、素直に認める勇気を持つことが大事**です。

「コンプレックスを抱くこと」と「嘘をつくこと」は似ていると思います。

例えば、何かのはずみで「私はA大学の出身だ」と嘘をついたとします。相手は「A大学出身なんだ。結構頭がいいんだね」などと、ちょっと尊敬の眼差しを送ってくるかもしれません。しかし、これ以上この話題に触れられれば当然、ぼろが出てくることになるため、なるべくこの話題に関しての会話は避けようとします。いつ自分がついた嘘がばれないかビクビクして過ごすようになります。

こうした嘘は、「ごめん、ちょっと軽い気持ちで嘘をついていたんだ」と正直に告白すれば、案外すんなりと解決するものです。初めはいろいろ責められるかもしれませんが、一生その話題にビクビクするよりはよっぽどいいと思います。

自分が抱えているコンプレックスについても似ている部分があります。

コンプレックスも嘘と同様に、触れられるのを避け、隠そうとします。そして隠そうとすればするほど自分が苦しくなります。

ですから**コンプレックスに関しても自分からさらけ出すことをおすすめします**。そうすれば心が軽くなることでしょう。

海外に出ると、つくづく自分が日本人であることを感じさせられます。渡航先が欧米だと、滞在期間が長くなればなるほど、単なる感傷にとどまらず、やがて劣等感へと変化していきます。

アメリカで生活するようになって、二つのことを強く感じました。一つはアメリカという国がまさしく多民族国家であること。そしてもう一つは白人の権力が極めて強いということです。私が従事していたメジャーリーグ社会も決して例外ではありませんでした。

アメリカ中西部の地方都市、カンザスシティーに住み、地元カンザスシティ・ロイヤルズで仕事を始めていたときのことです。

私はカンザスシティーで家を探していました。家を借りるために必要な書類をすべてそろえ、不動産を紹介している店へと足を運びました。

店主はそっけない態度で私にいくつかの物件を紹介してくれました。そして勝手に自分でそれらのところへ交渉に行けとだけ伝えてきました。

冷たい感じを与える人だと思いましたが、文句を言っても始まらないと思い、私は早速、紹介してもらった物件の日本でいう大家に会いに行きました。

しかし、どの大家も理由を言わずに私の入居を断りました。

10件以上の物件を回ったでしょうか。ようやく契約にこぎつけられるかと思ったら、今度は突然、条件変更を言い渡されました。通常なら家賃の支払いは1ヵ月ごとの清算でよいものを、なんと6ヵ月分の前払いを条件として提示されたのです。

また、こんなこともありました。

レストランでは見晴らしのよい窓側が上席とされているので、空いていれば客をそこへ案内するのが常識となっています。私が訪れたとき店にはあまり客がいませんでした。私は当然、窓側の席に案内されると思っていましたが、係員は私を一瞥《いちべつ》するとトイレに一番近い席を案内してきました。

「なぜ窓側の席が空いているのに、このような席に案内するのですか？」

私の質問に対して、彼は軽くうなずいただけで何も答えませんでした。

カンザスシティーには数ヵ所カジノがあるのですが、そこでさえもこんな出来事がありました。

私がカジノに入ろうとすると、入り口付近に立っている従業員に呼び止められました。そして、「身分証明書を見せろ」と命令口調で言われたのです。

白人にはよほどのことがない限り、身分証明書の提示を求めません。私に対しては、金のあるなしより、肌の色の違いのほうが気にかかったようです。

しかし、差別されていたのは日本人だけではありませんでした。ロイヤルズの選手と話をしていたときのことでした。一人の黒人選手が私に向かってこう語りました。

「アメリカでは今でも俺たち黒人は、故意的に差別されていることを肌で感じる。俺はアメリカで生まれて、白人と同じ教育を受けて育った。でも、白人が多く住む街に遠征やトレーニングキャンプに行ったときには、蔑視されているのがわかるんだ」

また、ドミニカ共和国やプエルトリコ、すなわちラテン系の選手も言葉が通じないということから、普段の生活に不安を感じていることも知りました。そのせいで、家族を自国に残したまま単身でアメリカに住んでいる選手も多くいます。

そんなときに私は、コンプレックスをバネに変えて活躍しているメジャーリーガーを知りました。

ブレット・バトラー選手です。彼はアトランタ・ブレーブスやロサンゼルス・ドジャース、ニューヨーク・メッツなどで17年間にわたって活躍し、1997年に引退しました。

バトラー選手は幼い頃とても体が小さかった。当時から抜群の運動神経を持っていて、自分としては何としてもメジャーリーガーになりたいと思っていました。

しかし、周囲の人からは「いくら運動神経がよくても、そんな小さい体ではとてもメジャーリーガーになるのは無理だ」と言われていました。高校に入学した当時の身長が152センチ、体重は40キロしかありませんでした。

彼も自分の身長の低さが常にコンプレックスになっていました。どうしても胸を張れない自分を感じていました。「スポーツで身を立てるなら騎手になるしかないのかも」と周囲にもらしたこともあるようです。

しかし、身長のせいで自分の夢を諦めたとしたら一生悔やむことになる。身長というコンプレックスが「俺は自分の夢から目をそらした人間だ」という新たなコンプレックスを生んでしまうのではないかと考えたのです。

「**コンプレックスをコンプレックスでなくしてやる**」

「小さくてもメジャーリーガーとして活躍できることを証明してみせる」

彼はそう心に誓いました。

彼の体格では、他の大男のようにホームランを打つことはできません。「球をコツコツとバットに当てて、球場の中を駆け回るしかない。とにかくバットに当てる。そして走り回るしかない」と気持ちを吹っ切ったのです。

最終的に彼は2375安打と558個の盗塁というメジャーリーグ史上に残る記録を打ち立てました。出塁率が高く、塁に出れば、その俊足と俊敏な動きをいかして盗塁を重ねます。スピードと気迫あふれるその姿は、「小さな巨人」と評されました。

身長が低いという**彼のコンプレックスは、彼が自分の夢をかなえた瞬間、称賛される対象となりました**。

コンプレックスは、それを理由にして「自分が損をしている」と感じている限り、人生のバネにはなりません。であれば、「損をしているのではない」ということを実証してみればいいのではないでしょうか。

私の肌は白い肌を持つアメリカ人より確かに黄色い。ならばそのコンプレックスをもっと他人にアピールしてみよう。

私は日本人だ。それならば、周りの誰よりも日本語がうまいことを武器にしよう。

私はそう考えました。

その当時、メジャーリーグが日本のプロ野球に興味を持ち始めた時期でした。しかし、メジャーリーグ球団の中で日本語が堪能な人は誰もいませんでした。ただ私一人を除いて。

私は、自分が日本人であることを隠すように生きるのではなく、最大限にアピールしていこうと決心しました。そして元ボルティモア・オリオールズのカル・リプケン選手が日本の鉄人と呼ばれた元広島カープの衣笠祥雄選手の２２１５連続試合出場記録を破ったとき、衣笠選手からリプケン選手を称えるセレモニーイベントの企画などを行いました。

アメリカ人は他人と違う能力を持つ人間を評価します。自分にしかできないことをアピールしたら、彼らは必ず受け入れてくれます。

卑屈になる必要など少しもありません。

今は、日本からも多くの選手がメジャーリーグに挑戦しています。おそらく彼らも皆、コンプレックスを持っているでしょう。**コンプレックスを持っていてはいけないのではなく、むしろ素直に認めて、どう生きるかを決断することが大切**です。それを理解できた人間がメジャーリーグで活躍することができるのです。

どんな人間でもコンプレックスを一つや二つ背負っているはずです。幼い頃には、背が低いとか、太っているとか、そんなささいなことがコンプレックスになることがあります。引っ込み思案だとか、話し方が下手だとか、そんなこともコンプレックスになります。

大人になってみると、「どうしてあんなことに悩んでいたんだろう」と思うこともありますし、大人になった今でもなかなか消えてくれないコンプレックスもあります。

大切なのは、自分だけではなく「みんなもそうしたコンプレックスを抱えながら生きている」ということを知ることだと思います。あなただけが悩まされているのではありませんん。みんなが少なからず苦しんでいるのです。

これがわかれば人に優しくなれるし、自分に対しても優しくなれます。

どこかで、「このコンプレックスを含んだ人間が自分自身なのだ」と認めることが大切なのだと思います。このように認められたときに初めて、あなたの一部である**コンプレックスが、自分の人生のバネになってくれる**のです。

置かれている環境を理解する

あらゆるものから束縛されずに生きるということは、言い換えれば、様々な情けに頼らなくても生きていける自分をつくるということです。

ただ、私たちは本当に束縛されないことを望んでいるのでしょうか？

「もっと自由に生きてみたい」

こうした言葉をぶつけてくる人が数多くいます。彼らの目には、私がアメリカで自由気ままに生きているように映っていたのでしょう。

そこで私は尋ねます。

「私とあなたは変わりません。自分が思った通りに生きたらいいのではないですか。ところであなたは何をどうしたいのですか？」

私たちは何故、自分が自由ではないと思うのでしょうか？　私たちの求める自由とは、いったいどのようなものなのでしょうか？

メジャーリーグはその傘下に4つの階層を持っていますが、実はその下にも契約をしていない選手が練習する養成所があります。そこにあるとき日本人選手たちがいました。養成所では団体で行う練習時間が極めて短い。おそらく日本の高校野球の半分程度でしょう。その他の時間は個人が課題を見つけ、各々が練習するというシステムになっています。

そこで初めて団体練習が行われたときのことです。練習はノックやシート打撃などの実践的なメニューが中心です。時間にして2時間ぐらい。団体練習が終わると日本から来た選手は帰り支度を始めたのです。

例えば外野のポジションを守るとして、2時間の練習中に捕ることができるボールの数には限界があります。練習が足りないことは自覚できて当然のはずです。

彼らはいったい何をしに来たのだろうか？　たまりかねて私は言いました。

「なぜ団体練習の時間が少ないのか考えてみたらどうですか」

しかし彼らは一様にポカーンとした表情を浮かべているだけです。私の言っている意味がわからないようでした。私は彼らにもう少し噛み砕いて説明しました。

「同じ練習を行うのは同じレベルの選手が集まっていることが前提です。レベルの低い選手と一緒に練習していたのでは、レベルの高い選手は上達することはできません。逆に、高度な連係プレーを練習しても、基礎力がついていない人にとっては意味がありません」

「養成所には様々なレベルの選手が集まっています。どの選手も成長のスピードが違います。能力、実力、理解力、順応力……、一人一人異なることをわかってほしい。だから団体練習に多くの時間を割いてもあまり効果がありません」

「まず、自分には基礎体力があるのかないのか、守備がうまいのか下手なのか、パワーはどうなのか、考えてごらん。まずは**自分を分析してから『自分はどのように練習すべきなのか』と自分で考えることから本当の練習が始まります**。自分で自分の練習のカリキュラムを作ることから始めなくてはなりません。自分を分析して、独自の練習メニューを作れるかどうか、それが養成所からマイナーへ、マイナーからメジャーへ昇格できるかどうかの分岐点なのです」

「これでわかったでしょう。団体の練習時間が少なくて自由時間が多いわけが」

高校時代、ボールが見えなくなるまで団体で練習してきた彼らにとって、自分一人で練習するというのは難しいことかもしれません。誰かの作ってくれたメニューを仲よく一緒にこなすことが前提なのです。

団体練習の怖いところは、メニューに従ってみんなと同じことをしていれば、それだけで練習をしている気になってしまうというところです。

日本の場合、地域の制限や親のすすめで進学先を決定することが多い。高校や大学へと進むときには偏差値によって縛られます。

何かやりたいことがあって進路を決めるのではなく、誰かが敷いてくれた進路の上を渡っていきます。**自分自身で決断する機会が少ないため、知らず知らずのうちに、与えられた環境の中で育つことに慣れてしまっている**のです。

それは、誰かが温めてくれている卵の中で成長しているようなものです。

何かに守られているということは、誰かに縛られながら生きているということでもあります。そうして知らず知らずに、「不自由」が当たり前という環境に染まってしまいます。

自分が自由でないと思っている人たちは、安全な「不自由」の中で「自由」を求めているのです。「もっと自由に生きてみたい」と言う人たちが求めているのは、卵からかえり大空をはばたく自由ではなく、卵の中を自由に駆け回る自由なのです。丈夫な殻の中で、「好き勝手にやらせてほしい」と叫び続けます。

このことを理解していないと、いざ自分が本当に自由になったときに、何をしていいのかわからなくなり、「自由どころかまったく不自由だった」ということになりかねません。

メジャーリーグでは日本に比べ、監督が選手にサインを出す回数はそれほど多くありません。ですから選手は自らサインを出さなければなりません。つまりそれは自分の頭で考え、自分の意志で行動するということです。そういうことができるようになると、ようやく自分を守ってくれていた殻を破ることができるのです。

自分でカリキュラムを作る、自分でサインを出す。**自分が出した決断に重みと責任を感じられるようになって初めて、本当の自由をつかむための第一歩がスタートする**のです。

成功への5段階

目標に向かって進んでいるときに、いろいろな人が様々なアドバイスをくれるのはありがたいことです。しかし、そうした言葉に頼りすぎると、自分を縛りつけることになります。

そうならないためには、自分で考えるしかありません。まずは自分の頭でじっくり考えることです。

しかし、最近は考えるということがどのようなことなのかわからないという人が少なくありません。「どうしてこんなに、考えることが苦手な人間になってしまったのだろう?」と感じる人もいるでしょう。

人から言われたことはできるのに、なぜ、自分の頭で考える作業ができないのでしょうか。自分で考えるということはどのようなことをいうのでしょうか。

日本の元プロ野球選手がアメリカの春のキャンプに参加したときのことです。彼は日本でコーチをしていましたが、日本の野球とアメリカの野球はどのように違うのかを肌で感じたかったようです。さらに、日本のコーチとアメリカのコーチは、指導方法にどのような違いがあるのかを知りたかったのです。

そこでいくつかの球団に参加させてもらえるよう打診し、あるマイナーリーグのキャンプに参加が認められました。

そこであるマイナーの選手がバッティング練習をしていました。投手が投げる球をバットで打ち返す練習です。

ボールをバットに当てることはできるのですが、打ったボールはなかなかフェアゾーンに飛ばず、グラウンドに引かれた白線の外側を飛んでいきます。その選手も自分のバッティングフォームのどこに狂いが生じているのかわからなかったのでしょう。

「打球がどうしてもファウルになってしまうのですか、どうしたらいいでしょうか？」

とベテランコーチのもとに足を運び、自分のバッティングフォームの欠点を説明するように求めました。

すると相談されたベテランコーチはこう答えました。

「なぜファウルになるのかを考えてみたらどうだい。ファウルにならないためにはどんなことをすればいいのか考えてみたらいいさ。そして、答えは自分で見つけたらいい」

あまりにも日本の指導方法とは違い「はたして今のが指導といえるのか」、そう疑問をいだいた彼は、コーチに「なぜ、選手が質問してきたのにアドバイスをしないのですか」と尋ねました。するとベテランコーチは笑いながらこう答えたといいます。

「アドバイスはしっかりしたではありませんか。**『自分で考えよ』という言葉が最高のアドバイスです**」

コーチは選手のどこが悪いのかを当然わかっています。そして、それを教えるのはとても簡単なことです。しかし、すぐにそれを教えるようなことはしません。**その場ですぐに教えてもらうだけでは選手の血や肉にはなりません**。その場ではわかったように思えても、すぐに忘れてしまいます。結局そのアドバイスは選手のためになりません。ですから「何が、どう悪いのか」を自分で考えさせます。考えさせて工夫させてみるのです。

自分で考えて、工夫してみて、フェアグラウンドに飛ぶようになったときに、ようやく選手はバッティングのコツを体得できるのです。こうして**苦労して身につけたものは、この先ずっと自分の力になります**。

選手が考え抜いても答えが見つからないときは、もちろん選手が自分なりの答えを出すまで何時間かかろうとも、コーチはとことん付き合います。

メジャーリーガーには、変わった投げ方をする投手や、独特なバッティングフォームの選手がたくさんいます。

しかし、それらの投法や打法も、ただ単に「俺がやりたいようにやっている」のではありません。自分で考え、工夫をして身につけたスタイルなのです。

そして、それが本人の個性となって観客を楽しませています。

アメリカには**「成功への5段階」**という、成功までのステップを5つに分けた考え方があります。アメリカの成功者に共通する、目標を達成するための哲学です。

ステップ1：準備

このステップは卵がかえるのを待つ鳥に似ています。人々はいろいろなことについて考え抜き、不慣れなマーケット調査を実施する。ここでは衝動的に飛び出したりしてはいけません。我慢強い信念と前向きな思考力がたっぷりと要求されます。

ステップ2：煩悶《はんもん》

悩み苦しむ段階です。構想が決まると克服しなければならない障害が次々と現れます。このステップと次のステップでは、それらに耐え抜くだけの精神力があらかじめ養われていることが望まれます。

ステップ3：着手

とりかかる段階です。難問を一度に一つずつ解いていきます。襲いかかる挫折感や圧力に屈服してはなりません。

ステップ4：汗と辛苦

ここでは誰もが二の足を踏みます。「本当にこれが自分の望んだものなのだろうか」と自問したくなります。ここで思い出してほしいのです。夜明け前の空が一番暗いことを。このステップまで来ているということは、夜明けが近いということでもあります。

ステップ5：網をあげる

いよいよ網をあげて獲物を捕らえる段階です。ここまでくると、自分一人になって創造的なことを考える時間を持つ、そんなゆとりのある人間になっているはずです。ステップ1の自分と今の自分は同じではありません。自分の夢をひたすら追いかけて、ステップを重ねつつ、自分を鍛え、かつ前進し続けてきたという自負が大切になります。

私は「成功への5段階」は、日本の師弟制度に非常によく似ていると思っています。師弟制度では、何でもかんでも簡単に教えることはしません。人を育てるためにあえて教えないのです。

私たち人間は横着な動物です。手っ取り早く答えを教えてほしいと思うし、命令されたことをそのままやっていた方が楽です。ですから、次々にマニュアルが作られています。

しかしそうした自分でいる限り、目標を達成することはできません。**「徹底的に悩んでみる」、「自分の頭で考えてみる」、「何度でも自分と向き合う」ことが大切**なのです。

INNING

5

安易に結果を求めてはいけない

しっかりとした根を張って生きる

「花を咲かそうと思ったら、根をしっかりと大地に張ることです。根がしっかりしていれば、いい花が咲く」

これはマイナーリーグの選手たちに、監督やコーチがよく言って聞かせる言葉です。「メジャーリーグで長く活躍しようと思ったら、マイナーリーグでじっくり実力をつける」という意味で、その裏には「根がしっかりしていないうちにメジャーリーグに上がると、きれいな花が十分に開く前に散ってしまう。だから気をつけろ」という警告が込められています。

実際、マイナーリーグの経験なしでメジャーデビューした選手は、そのほとんどが成功者にはなれませんでした。

例えば投手だけを見ても、スティーブ・ダニング投手は23勝41敗、デビッド・クライド投手は18勝33敗、エディー・ペイン投手は7勝13敗、マイク・アダムソン投手は0勝4敗と、どの選手もたいした成績を残せないままやめていきました。

理由はそれぞれですが、一般的には心技体ともに十分に鍛えられていないうちにメジャーリーグに上がってしまうと、選手生命に響くような大きな故障をしやすいし、技術的に壁にぶつかりスランプに陥ったとき、精神的に深いダメージを負い、取り返しがつかないほど自信を喪失してしまう場合も少なくありません。

こうした悲劇を防ぐには、マイナーリーグで**じっくり鍛錬を積み、しっかり地中深く根を張る必要があります**。

それはまた、「早くメジャーリーグでプレーしたい」という強い上昇エネルギーの蓄積にもつながります。そのエネルギーがどんどんたまっていき、「もうマイナー暮らしはたくさんだ」と、募る気持ちが爆発寸前のところで、球団はその選手の心技体を見極め、「そろそろ蕾《つぼみ》をつけ始めている」と判断すれば、メジャーリーグへ昇格させます。

入団してからメジャーリーグへ昇格するまで平均5年前後かかります。それは**心技体を鍛えるのに必要な時間であると同時に、メジャー昇格を渇望する上昇エネルギーが選手の中で充満するのにちょうどいい時間**でもあるのです。

早咲きはすぐダメになる

私が以前所属していたカンザスシティ・ロイヤルズにジョージ・ブレットという選手がいました。通算3154安打、生涯打率3割5厘、317本塁打、1595打点、首位打者3回、1999年に野球殿堂入りしたメジャーリーグ史に残る名選手の一人です。

しかしこのブレット選手の入団時の評価は、さほど高いものではありませんでした。それは先にプロ入りした兄のケン・ブレット投手が、鳴り物入りで入団したにもかかわらず、結局は評判倒れに終わったため、「どうせ弟もたいしたことはないだろう」と思われたからです。

ケン・ブレット選手がボストン・レッドソックスと契約したのは1966年のことで、契約金は当時としては破格の8万5000ドル。高校球界のスターだった彼に対する球団の期待はとても大きいものでした。

ケンはこれにこたえ、1年目こそ1Aでプレーしていましたが、2年目のシーズン開幕後にはすぐに2Aに上がり、早くも秋には3Aを飛び越してメジャーリーグに昇格しました。おおよそ5年前後かかるのが普通な中、入団2年目でのメジャーリーグ昇格は驚くべきスピード出世でした。

この年、レッドソックスはアメリカンリーグで優勝し、ワールドシリーズに駒を進めました。対するナショナルリーグの覇者はセントルイス・カージナルス。

彼はこのシリーズの登録メンバーに選ばれ、第4戦の8回には中継ぎとして登板し、見事に無失点で切り抜けました。このとき彼の年齢は19歳と20日、これはワールドシリーズ出場選手の最年少記録でした。

シリーズは4勝3敗でカージナルスが制しましたが、チャンピオンシップの行方とは別に、高校を出て2年目のルーキーの快挙に、「末恐ろしい新人が現れた」と全米が驚きに包まれました。

しかし、ケンの野球人生はこれが頂点でした。その後は鳴かず飛ばずで、いつかファンの間でも「最初は凄いと思ったんだけどなあ……」とすっかり期待を裏切る評判倒れの選手になってしまいました。

結局、彼は成績がパッとしないまま10球団を渡り歩き、1981年に静かにユニフォームを脱ぎました。

メジャーリーグでは入団1～3年目でメジャーに昇格する選手を「モーニング・グローリー」（早咲き）と呼びます。

彼らはその華々しいデビューとは裏腹に、しっかり大地に根を張らないうちにメジャーリーグに上がるため、**実力不足、鍛錬不足から、すぐに使い物にならなくなったり、故障したり、マイナー以上、メジャー未満の中途半端な選手で終わってしまう**ことが多いのです。

ケン・ブレット選手は、そんな「早咲きの不幸」の典型的な選手でした。

自分を理解できる人、できない人

プロのスカウトのお眼鏡にかなう選手は、誰もが優れた才能を持っています。もちろん、ドラフト上位と下位とでは、ある程度その才能に差があるのは当然ですが、「鍛えれば、何とかなるのではないか」と思うからこそ獲得に動くのであって、メジャーリーガーへの道は誰にも等しく開かれています。

POST CARD

料金受取人払郵便

小石川局承認

9109

差出有効期間
2021 年
11 月 30 日まで
(切手不要)

112-8790

127

東京都文京区千石 4-39-17

株式会社　産業編集センター

出版部　行

★この度はご購読をありがとうございました。
お預かりした個人情報は、今後の本作りの参考にさせていただきます。
お客様の個人情報は法律で定められている場合を除き、ご本人の同意を得ず第三者に提供することはありません。また、個人情報管理の業務委託はいたしません。詳細につきましては、「個人情報問合せ窓口」(TEL：03-5395-5311〈平日 10:00 ～ 17:00〉)にお問い合わせいただくか「個人情報の取り扱いについて」(http://www.shc.co.jp/company/privacy/)をご確認ください。

※上記ご確認いただき、ご承諾いただける方は下記にご記入の上、ご送付ください。

株式会社 産業編集センター　個人情報保護管理者

氏名《ふりがな》

(男・女／　　　歳)

ご住所　〒

TEL：

E-mail：

新刊情報を DM・メールなどでご案内してもよろしいですか？	□可　□不可
ご感想を広告などに使用してもよろしいですか？	□実名で可　□匿名で可　□不可

ご購入ありがとうございました。ぜひご意見をお聞かせください。

■ お買い上げいただいた本のタイトル

ご購入日：　　　年　　月　　日　　書店名：

■ 本書をどうやってお知りになりましたか？

- □ 書店で実物を見て
- □ 新聞・雑誌・ウェブサイト（媒体名　　　）
- □ テレビ・ラジオ（番組名　　　）
- □ その他（　　　）

■ お買い求めの動機を教えてください（複数回答可）

□ タイトル　□ 著者　□ 帯　□ 装丁　□ テーマ　□ 内容　□ 広告・書評
□ その他（　　　）

■ 本書へのご意見・ご感想をお聞かせください

■ よくご覧になる新聞、雑誌、ウェブサイト、テレビ、
よくお聞きになるラジオなどを教えてください

■ ご興味をお持ちのテーマや人物などを教えてください

ご記入ありがとうございました。

マイク・ピアザ選手がロサンゼルス・ドジャースからドラフトの指名を受けたのは62巡目、全体では1389番目でした。しかも大学時代、ピアザ選手は一塁手でしたが、契約に際しては「捕手に転向すること」という条件がついていました。まさにゼロからスタートし、「メジャーリーグ史上最も打てる捕手」へと駆け上がりました。

しかし、誰もがピアザ選手のようになれるわけではありません。ほんの一握りの人しか一流のメジャーリーガーにはなれないのが実情です。

「それは才能や努力の差の問題ではないか」。なるほどそういう考え方もあります。確かにそういう要素が大きいのは事実かもしれません。しかし一方で「才能はある、ケガをしたわけでもない。なのに、いつまでたっても芽が出ない」という選手がたくさんいます。

これはどう考えればいいのでしょうか。

そういう選手を何人も間近で見てきた経験から言えることは、要するに彼らは自分のことをきちんと理解していないのです。伸ばすべき才能、修正すべき欠点、鍛えるべき精神等々、一流のメジャーリーガーになるために**自分が取り組むべき課題は何なのか、それがわかっていない**のです。

ですから的外れな練習を繰り返したり、才能だけが頼りのプレーに終始したりする。これでは伸びるものも伸びません。才能を無駄にするだけです。

これに対して**一流になる選手は、いつか必ず自分の課題に気づきます**。プロ入り後すぐに気づいて取り組む選手もいれば、ルーキー、1A、2A、3Aとマイナーリーグの階段を上がるうちに見つける選手もいます。もともと才能があり、メジャーリーグまではトントン拍子に上がったが、その後伸び悩んでいるうちにやっと気づくタイプの選手もいます。

あるオリンピックの金メダリストが新聞のインタビューに答えて、「もっと自分を支配したい」と言っていましたが、それには自分をもっと深く理解する必要があります。

自分を知れば知るほど自己制御能力は高まります。

一流選手は、もっと自分を支配するために、もっと自分を理解しようと努力します。

一流と二流を隔てるものはまさにそこにあるのです。

いずれにしても、遅ればせながらも自分を理解し、取り組むべき課題に気づいて自分を変えることに成功した選手が、遅咲きの花を咲かせる「レイトブルーマー」の選手になることができるのです。

逆にいえば、遅咲きの選手の多くは、自分を理解し取り組むべき課題に気づくのが遅いのです。

ハンディを乗り越える

現在、メジャーリーグでプレーする外国人選手の割合は約30パーセントです。このうち実に90パーセント以上がスペイン語圏、つまり中南米出身の選手です。

特に多いのは、1位ドミニカ共和国、2位ベネズエラ、3位キューバ、4位プエルトリコ、5位メキシコ、などラテン系の選手です。

活躍した選手を見ると、ア・ナ両リーグでサイ・ヤング賞に輝いたペドロ・マルティネス投手、マリアノ・リベラ投手、イバン・ロドリゲス捕手、サミー・ソーサ選手など、数多くのラテン系選手がいます。

何故ラテン系の選手はメジャーリーグで活躍できるのでしょうか。

言語、文化、習慣、気候、風土……。中南米出身の選手が北米大陸で生きていくには乗り越えなければならない壁がたくさんあります。

にもかかわらず意外なほど成功している選手が多いのは、貧しさから抜け出したいという強烈なハングリー精神や、アメリカ人にはないラテン系特有の柔らかくてバネのある優れた身体能力もさることながら、よそ者であるがゆえに、ただひたすらメジャーリーグで成功することだけを夢見て野球に没頭できるからではないでしょうか。

どんなに失敗したって、羞恥心などかなぐり捨て、自分をゼロの状態から鍛え上げることができるのがよそ者の強みです。チームの同じポジションに同郷の人間がいれば、妙な気兼ねもしますが、よその国からたった一人でやってきた選手なら、そんな心配はいりません。臆することなく、堂々と勝負ができます。

ただし言うまでもありませんが、「気兼ねなく振る舞うこと＝自分勝手な独りよがり」を意味するものではありません。

どこの国のどんな社会であっても、人間集団である以上、人としての礼節が重んじられるのは当然のことで、**自分のことだけしか考えない選手は、まずメジャーリーグで成**

功することはできません。

「郷に入《い》っては郷に従え」と言いますが、メジャーリーグで成功しようと思ったら、まず言葉を含めてアメリカの文化、習慣などに順応し、アメリカ社会で生きていくんだという姿勢を示すことです。そうすれば、「ヤツは本気だな」と周囲が認めるようになり、やがて「どうだい、少しは慣れたかい？」と声をかけてくれる人間も現れます。

そうやってアメリカ社会に順応し、よき友人に巡り合うことで、異国で生きていく土台を築いていくのです。

環境への順応と人間的成長が成功のカギ

いくらアメリカ社会への順応こそ成功への道だとわかっていても、なかなかそれを貫き通すのは容易なことではありません。

ラテン系の選手への差別は依然としてありますし、語学の習得能力にしても当然個人差があります。誰もが同じようなスピードで英語が話せるようになるわけでもありません。

そんなとき、「負けてたまるか」と心の支えになるのは、多くの場合、国に残してきた家族の存在です。

メジャーリーグを代表するスーパースターになったシカゴ・カブスなどで活躍したサミー・ソーサ選手は、ドミニカ共和国にある人口5万人の小さな町、サンペドロ・デ・マコリスで生まれ育ちました。高速道路の建設関係の仕事をしていた父親を幼い頃に亡くし、7歳の頃から路上で靴磨きやオレンジ売りなどをして貧しい家計を助けてきました。そんな仕事の合間を見つけながら始めた野球は、なんと牛乳パックがグラブ代わりでした。

「貧乏暮らしから抜け出し、家族の生活を楽にしたい」

ソーサ選手がメジャーリーグに託した夢は、中南米出身の多くの選手に共通するものです。同じくドミニカ共和国出身の英雄ペドロ・マルティネス選手にしても、ソーサ選手と同じように、家計を助けるために路上で靴磨きをしていたことがありました。

彼らと同じような境遇の人たちは、貧困から脱出し、家族に豊かな生活をもたらすために、メジャーリーグでの成功を夢見ます。そのためにアメリカ社会への順応が必要なら喜んでそうします。どんなに食事が合わなかろうが、英語を覚えるのが大変だろうが、絶対に諦めずに頑張ろうとします。

しかし、故郷はどれほど貧しくても、愛すべき家族のいる温かい場所です。いくら家族のためと思っても、その慣れ親しんだ「居心地のよい場所」を離れ、見知らぬ異国の地で、一人異文化に順応しながら生きていくのは大変なことです。実際、選手としての資質はあるのに、アメリカ社会に順応しきれず、夢半ばで国に帰る選手も少なくありません。

その一方で、アメリカ社会に必死で順応し、メジャーリーグへの夢を一途に追いかけ、ついにはソーサ選手やマルティネス選手のようにスーパースターの座を手に入れる選手もいます。

その差は何かといえば、これは彼らを間近で見てきたメジャーリーグのフロントスタッフとしての実感ですが、単に**強い心を持っているかどうかの話ではなく、アメリカ社会への順応を通じて、どれだけ人間的に成長できるかの違い**です。

メジャーリーグで成功する一流のラテン系選手は、言葉もできない異文化に溶け込もうと必死で努力する過程で、様々な文化を通じていろいろな知識を吸収し、耐えることを学び、友人、知人のありがたさや人間関係の奥深さを知ります。

そうした生きた勉強を通じて、彼らは自然のうちに「自己改革」を行い、新しいステージへと自らの歩みを進めていく。そして、アメリカ社会へ順応しようと諦めずに努力し続けることで人間的に大きく成長していくのです。

選手として似たような実力なら、どの監督だって人間的に優れた選手を使いたがります。なぜなら、勝負どころで欠かせない強い精神力や自己制御能力は、人間性を映す鏡であり、いざというとき必ずプレーの質となって現れるからです。人間性とは、思いやりや気遣いの心、愛情など人の内面のことを指します。

メジャーリーグで成功するかどうか、最後はこの人間性の勝負になります。

社会貢献活動でプレーの質がよくなるわけ

一流メジャーリーガーは、自ら培った人生観や哲学に従いながら、様々な社会貢献活動を積極的に行っています。そしてそれは、フィールドにおける彼らのプレーの質的向上にも確実につながっています。

日本画家の故平山郁夫画伯は、様々な社会貢献活動で知られていますが、それに関して実に面白い発言をしていました。

「仕事を離れた社会活動をするようになって、だんだん絵が豊かになってきました」

高名な画家だからといって、決して絵を描いていただけではなく、社会貢献活動もしていました。

そういった活動をすることで人間性が豊かになり、感受性が鋭くなります。**人間性を鍛え、深めることで、仕事にいきるひらめきが得られる**のです。

メジャーリーグの試合でこんなことがありました。

1対2と1点ビハインドで迎えた9回裏2死一塁で、左中間を二つに割るような大飛球が飛びました。抜ければ一塁ランナーは一気にホームを駆け抜け同点の場面です。両軍ベンチもスタンドのファンも誰もが同点だと思った瞬間、中堅手がダイビングキャッチのスーパープレーでこの打球をアウトにしました。

中堅手は、試合後のインタビューでこう語っていました。

「いや、何となく左中間に大きな打球が飛んできそうな気がしたので、2歩ばかり守備位置をレフト側に寄せていました。読みがぴたりと当たってよかったです」

配球、打球の方向、相手のベンチの采配……。野球は読み合いのゲームであり、一流の技量を持った選手ばかり集まるメジャーリーグでは、最後は経験と勘が物をいうことが多い。

経験はプレーの積み重ねで培えますが、**勘というのは人間性を磨かないと鋭くなりません**。経験で補える部分もありますが、それだけでは十分ではありません。社会貢献活動などを通じて豊かな人間性を醸成し、鋭く感性を研磨することで、初めてプレーにいきるようになります。

それが試合の勝負どころで出るようになれば、首脳陣やファンから、「アイツは球際に強い」「ここ一番で勝負強い打撃をする」、と高い評価を受けるようになります。

一瞬のひらめきがいいプレーを生み、それがまた自信となってプレーにいきる。そうやって一つ一つ質の高いプレーを積み重ねていくことで、一流のメジャーリーガーになっていくのです。

思うように成長しない理由

思うように成長せず、悩んでいる人は多いと思います。
なぜ成長しないのか。これには大きく分けて3つの理由があると考えられます。

①アマチュア時代の「殻」が破れない
②コーチや監督を当てにしすぎる
③環境が合わない

②と③については比較的わかりやすいと思いますので詳しい説明は省略します。
①の理由について、具体例をあげて説明します。アマチュア時代の「殻」を破れず、自分の課題になかなか気づかないケースです。
アマチュア時代の実績が豊富で、ドラフト上位で指名された選手によくあるパターン。
性格的には一度決めたらてこでも動かない筋金入りの頑固者か、自信過剰の選手がほとんどです。

アメリカにフィル・ネビンという選手がいました。

高校卒業時にロサンゼルス・ドジャースからドラフト3位で指名されましたが、それを断ってカリフォルニア州立大学フラートン校に進学しました。トーナメントなどで数々の賞を受賞した他、バルセロナオリンピックのアメリカ代表メンバーにも選ばれるなどアマチュア球界屈指のスター捕手として活躍し、1992年のドラフト1位でヒューストン・アストロズに入団しました。

彼は入団後すぐに3Aに行くようにいわれました。いくら大学で実績を残した選手でも普通はルーキーか1A、よくても2Aからのスタートです。いきなり3Aというのは、いかに球団がネビン選手に期待していたかを物語るものです。

ところがメジャーリーグに昇格してわずか18試合後、ネビン選手はGMと監督からマイナー降格を命じられました。69打席で1割1分7厘とメジャーリーグの壁にぶつかっていた矢先の出来事でした。エリートコースを歩んできた彼にとってそれはまさに青天の霹靂《へきれき》で、かつて経験したことのない恥辱と衝撃を受けました。

そのショックも冷めやらぬうちに、さらに大きなダメージがネビン選手を襲いました。

マイナーリーグへ降格されて6週間後、突如としてデトロイト・タイガースへトレードされたのです。

その後の彼は、マイナーリーグとメジャーリーグを何度も往復するような選手になってしまい、ポジションも一塁、三塁、外野といくつもコンバートされ、数年後にはサンディエゴ・パドレスへと放出されました。

過去の栄光があるだけに、その間の根無し草のような生活は、まさに辛酸をなめる思いだったのではないでしょうか。

しかし彼の場合、結果的にはその苦労は無駄にはなりませんでした。**今まで何がいけなかったのか、自分に欠けていたものは何だったのか、初めて気づくことができた**からです。

「自分がどんなに未熟な人間だったか、今ならわかります。小さい頃から野球がうまいと褒められ、高校でも大学でもスター扱いされてきました。だからプロ入り後も、恥ずかしい話だけれど、自惚《うぬぼ》れの激しい生意気なヤツだったと思います。

コーチや監督からアドバイスされても耳を貸そうとはしませんでした。すべては自分のやり方でやりたかったから、他人の言うことなんて端《はな》から聞く気はありませんでした。そんな俺を見て、周りの人間は、バカなヤツだと笑っていたわけです。

ヒューストン・アストロズでメジャーリーグに昇格したとき、ジェフ・バグウェル選手やクレイグ・ビジオ選手のような名選手に、もっといろいろな話を聞けばよかった。メジャーリーグのやり方を学ぶべきだったのに、当時の俺にはそんな頭はありませんでした。

結局、何度もマイナーリーグに落とされ、トレードにも出され、コンバートも経験して、やっと何がいけなかったのか、そして何をすべきなのかわかったんです。ずいぶん遠回りをしたものです」

彼に必要なのは、**アマチュア時代の「殻」を破り、まずは謙虚に人の話を聞くこと**でした。メジャーリーグで成功するには、メジャーリーグのやり方が必要だということを、もっと早い段階で知るべきだったのです。ネビン選手がそれにやっと気づいたのは、サンディエゴ・パドレスにトレードされてからでした。

壁にぶつかったとき、どう立ち向かうか

成長過程で壁にぶつかったとき、どう立ち向かえばよいでしょうか。多くのメジャーリーガーを見てきた中で、私が大切だと思ったことをお伝えします。

①敢然と立ち向かうこと

目の前の問題から逃げだしたり、目を閉じてそれが過ぎ去るのを待っていたりしたくなる気持ちはわからなくはありません。しかし、そんなことをしていても問題は通り過ぎてくれません。それどころか**逃げていればいるだけ、問題は大きくなります**。

②自分に目を向けること

問題の多くは自分にあることが多い。仕事や家庭の悩みなど、私のところへ相談に来る人の話をよく聞いてみると、問題はその人の心の中にあり、そのせいで思考が鈍ったり、活力が湧かなかったりして、うまくいかないことが多い。そういうときはまず自分

の心の中を整理し、プラス・ファクターを妨げているものを除去してしまいましょう。そうしない限りその問題は解決しません。

③何らかの行動をとること

行動すれば自信を取り戻すことができます。新たな自信を生み出すこともできます。**怖がって何もしなければ、自信どころか不安は募るばかり**です。もちろん行動したからといって必ず成功するわけではありませんが、何もしないよりはましです。問題が大きくならないうちに、まずは行動すべきです。

④ためらわずに人に助けを求めること

悩みがあるのは恥ずかしいことで人には知られたくない、と考える人がいます。あるいは、「これは私の問題だから自分で解決する」と自分に厳しくする人がいますが、そういう考えはしない方がよいです。**人間は一人ですべてを解決できるわけではありません。**人の助けを必要とすることもあります。

例えば医師や弁護士のように、専門的な教育を受けた人たちに、専門的な知識を持って悩みを解決してもらうのもいいでしょう。

⑤自分の悩みを楽しまないこと

悩みを抱えていることは辛いことです。しかし中には、いかにも辛いといったような表情で、心の不安定な自分を慰みにしている人がいます。そして、**失敗や行動に移さないことの格好の言い訳にしています**。

例えば、病気に苦しみながら、仕事を失いながらも、それを「楽しんでいる」ように見える人はいないでしょうか。病気の話しかしないで、病気と友達になってしまっている人や、あるいは一度の失敗でいつまでもくよくよしている人はいないでしょうか？

人生にはいろいろな逆境や辛い出来事があります。逆境は人間を大きくするのか、反対に小さくするのか。それはあなたの考え方次第です。

寄り道のすすめ

大学を卒業してから就職もせずにブラジル、アマゾンに向かった私は、まさに人生の寄り道をしてきたといわれるかもしれません。中には現実から逃避するために私がアマゾンのジャングルに行ったと考えている友人たちもいました。30歳で日本に帰ってきた私を訝《いぶか》しい目でしか見なかった友人も何人かいました。

その当時、私の中にはこれといって明確な目標がなかったのは事実なので、否定的に見てくる人たちには私の行動が現実逃避に映ったのかもしれません。私自身は、あの当時にしかできなかったことを体験するために出かけたぐらいに思っています。

この頃の自分を正当化するわけではありませんが、私は**真っすぐ進むだけが人生ではない**と思っています。寄り道という言葉には何か人を引きつけるものがないでしょうか？一般的に考えれば寄り道だったかもしれませんが、私にとってジャングルでの生活は、「何かに出会うかもしれない、発見するかもしれない」というスリリングな、人生に必要な体験でした。

私が初めてメジャーリーグと縁を持ったカンザスシティ・ロイヤルズで仕事をして1年ほどたったときです。スカウトの仕事をやっていた私は、そのとき、同職のベテランであるゲーリー・ジョンソンというスカウトからアドバイスをもらい、少し寄り道をしてみることにしました。

「タック。メジャーリーグの原点はマイナーリーグにある。マイナーリーグのことを知らずしてメジャーリーグのことは語れない」

彼はこう言って、アメリカとカナダにあるマイナーリーグのすべてのことが書かれている本を私にプレゼントしてくれました。

もちろん、ロイヤルズの傘下にあるマイナーリーグのことは知っていました。ところが、その本によると、北米大陸全土になんと200近くマイナーチームが点在していることがわかりました。

正直、自分の無知さ加減にあきれてしまいました。

私はロイヤルズの仕事についてから、一生懸命頑張ってきたつもりでしたが、少し視野が狭すぎたようでした。**目先の仕事に夢中になり、全体を見渡すことを忘れていた**ように思いました。

そこで少し寄り道をしてみることにしたのです。

「北米大陸全土とカナダにあるすべてのマイナーのスタジアムを自分の目で見て回る」

そう決心しました。

まず、各マイナー球団の所在地を地図の中にペンで記入しました。西海岸から東海岸まで印をつけてみて、改めて自分が無謀なチャレンジをしていることに気がつきました。頼りになるのは一枚の大きな地図だけです。車でドライブするだけでもいったいどれくらいの日数がかかるのだろう？

しかし、**やると決めたのだから後は行動するのみ**です。

テキサス州では1日に5回もトルネードに遭遇しました。スラム街で道に迷ったとき、カージャックされそうにもなりました。

途中、何度も「もうこんな寄り道はやめて元の仕事に戻ろう」と思いました。しかし、毎日、自分の目標がクリアされていくのは嬉しく、それにマイナーリーグの球団で働く人々、選手たちとの様々な出会いも原動力になりました。

そして、ついに最後のマイナーリーグのスタジアムに到達しました。一番初めにフロリダ州に行ってから、最後のカナダのケベック州にたどり着くまで、およそ2年の月日がかかっていました。実にメジャーリーグ30球団、マイナーリーグは183のスタジアムがあることを、体で、肌で実感したのです。

アドバイスをくれたゲーリー・ジョンソン氏に「すべてのマイナー球団とメジャーリーグ球団を回ってきました」と報告したところ、「そんなことを経験したアメリカ人のスカウトは一人もいない」と驚かれました。そしてこう言われました。

「周りの人間はなんて言うかわからないが、タックのやったことは決して無駄にはならない。**少し遠回りに思えるようなことでも、実際に自分の足で稼いだ経験は、必ずどこかで役に立つ**ものです」

近道、寄り道、遠回り……。道はいろいろあります。目標を達成するためには、効果的な無駄のない方法を考えなければならないときもあるでしょう。近道を歩いていくこともとても大切だと思います。

しかし、**近道だけしか歩いたことがない人は、横道にそれたときに目標を見失い、目標への道を見失います**。

スポーツの世界では、2年目のジンクスという言葉があります。

しっかりした技術、精神力の双方が身についていないにもかかわらず、たまたま活躍できた選手は、その後本当の試練にぶつかったとき、自分ではい上がる力が身についていません。そして多くの選手が華やかな舞台から姿を消していきます。

INNING

6

強靭な精神力をつくる

「コーヒー杯の選手」を襲う精神的ダメージ

「出る杭」が打たれるのはどの世界でも同じです。メジャーリーグでも、メジャーに昇格してぼちぼち活躍し始めると、この「杭打ち」の洗礼を受けます。ここで踏ん張れるかどうかがメジャーリーガーとして生き残れるかどうかの分かれ道になります。

メジャーリーグでは日本のように、ドラフトで指名され入団した選手が**マイナーリーグを経験しないで、いきなり一軍に登録されることは滅多にありません**。

過去にはジム・アボット、デーブ・ウィンフィールド、ボブ・ホーナーらがマイナーリーグを経験しないで、いきなりメジャーデビューを果たしていますが、それは例外中の例外であって、ほとんどの選手はルーキーリーグを振り出しに、1A、2A、3Aとマイナーリーグの階段を一歩一歩上っていきます。

中には2Aからいきなりメジャーに昇格する選手もいますが、多くの場合メジャーリーグのレベルとペースについていけず、すぐにマイナーに落とされてしまいます。メジャーリーグではこれを恐怖と自虐と同情を込めて「シベリア送り」といいます。マイナーでもう一度鍛え直してチャンスをうかがい、認められれば、再びメジャーに昇格できるのです。

しかしメジャーに再昇格しても定着できる保証はどこにもありません。少し活躍すれば対戦チームのマークがきつくなりますし、何よりポジションを奪われかねない同じチームのライバルの目つきが変わり、「なかなかやるじゃないか」となれば「ひよっこに負けてたまるか」と徹底的に打ち負かそうとしてきます。

出る杭は必ず打たれるのです。

この洗礼に耐えて、レギュラーポジションを奪い取るか、レギュラー選手を脅かすような活躍を見せないとメジャーに定着することは難しく、思うような活躍ができないと、だんだん出番が減っていきます。ゲームから遠ざかると試合勘も鈍っていきます。その中で少ないチャンスをモノにして、きっちり結果を出すのは容易なことではありません。

メジャーへ昇格しても控えに甘んじるような成績しか残せない選手は、いずれ「シベリア送り」、つまりマイナー降格か、よそのチームへトレードされる運命です。中にはこれを頻繁に繰り返す選手もいます。

メジャーリーグでは、**メジャーとマイナーをエレベーターのように行ったり来たりする選手や、トレードされやすい選手のことを「A CUP OF COFFEE」と呼びます。**

コーヒー一杯なんてあっという間に飲んでしまう。メジャーでプレーする期間や一つの球団に在籍する期間が、それくらい短い選手のことを揶揄したスラングです。

いくらマイナーリーグで鍛えられた選手たちとはいえ、「コーヒー一杯の選手」になってしまうと、精神的に参ってしまうケースが少なくありません。

何度も「シベリア送り」を経験するうちに、「またマイナーへ逆戻りするのではないか」という不安感に襲われたり、チェスの駒のように球団から球団へと動かされたりしているうちに、「俺はもうメジャーリーグで通用しないのではないか」と自信を喪失してしまいます。

度重なる異動やトレードで家族と離れ離れの暮らしが続き、激しい孤独感にさいなまれるケースもよくあります。見ていて気の毒になるほど落ち込んでしまう選手もいます。

こんな精神状態ではプレーに支障が出るのは当然で、ますます本来の実力が発揮できない悪循環に陥ってしまいます。そしてメジャーリーグのレギュラーの座はさらに遠のく結果になります。

メジャー選手とマイナー選手の差は何か

このような精神面での問題は、何も「コーヒー一杯の選手」に限った話ではありません。

一流のメジャーリーガーにも人知れず悩みを抱えている選手はたくさんいます。有名になればなるほどマスコミからの注目度も高くなり、少しでもヘマをしたり、スランプに陥ったりすれば、たちまち悪く書かれてしまいます。

多くのファンの視線を浴び続けるプレッシャーは相当なものですし、隙あらばポジションを狙ってくる控え選手からの重圧とも戦い続けなければなりません。一流になったらなったで悩みは尽きないのです。

そこには我々の想像をはるかに超える精神的負担が存在しているはずですが、一流のメジャーリーガーは、「コーヒー一杯の選手」と違って、そんなそぶりはまるで見せません。**他人に心の内を悟られないように、あくまで平静を装いながら、そうしたプレッシャーと黙々と戦い、跳ねのけ、乗り越えていく。**彼らは尋常ならざる強靭な精神力を持っています。

「コーヒー一杯の選手」と決定的に違うのは、まさにこの精神力であり、メジャーリーグで活躍できる選手とマイナーで終わってしまう選手を大きく隔てるものの一つといってもいいのではないでしょうか。

では、メジャーではどれほどの精神力が求められるのでしょうか。

ロジャー・マリス選手とマーク・マグワイア選手というメジャーリーグ史に残る二人のスラッガーのエピソードを紹介します。

マーク・マグワイア選手は、セントルイス・カージナルス時代の1998年に年間ホームラン70本という前人未到のメジャーリーグ記録を打ち立てた、メジャー最高といわれるスラッガーです。

それまでのメジャー記録は1961年にニューヨーク・ヤンキース時代のロジャー・マリス選手が樹立した年間61本。それはメジャーの数ある記録の中でも「最大の記録」といわれ、幾多のスラッガーの挑戦をことごとく跳ね返してきた巨大な壁のような数字でした。

その記録がついに破られるかもしれないとなったとき、全米はもとより世界中のメディアがマグワイア選手のもとに殺到し、彼の一挙手一投足に無数のカメラの放列が向けられるようになりました。

この熱狂の渦の中で、球界やマスコミ関係者の間では、実は密かにあることに注目が集まっていました。それはマグワイア選手がマリス選手のホームラン記録をいつ破るかといった話ではなく、果たして彼は殺到するメディアに耐えられるかどうか、という点でした。

というのも、それまでの記録保持者であるマリス選手は、同じようにメディアが殺到した年間61本のホームラン狂想曲の中で、神経をズタズタにすり減らし、選手寿命そのものを縮める不幸な結果になったからです。

マリス選手は、1957年にクリーブランド・インディアンスでメジャーリーガーとなり、カンザスシティ・アスレチックス（現オークランド・アスレチックス）で活躍した後、1960年にニューヨーク・ヤンキースに移籍しました。

ヤンキースでは3番を打ち、1961年にはベーブ・ルース選手が1927年に作った、年間60本の「不滅」といわれたホームラン記録を破り、年間61本の新記録を樹立しました。

しかしこの年、マリス選手がルース選手の記録に迫っていたとき、多くのアメリカ人はとても冷ややかでした。ヤンキースのファンはもちろん、チームの関係者までもが、「アメリカ中部の田舎チームからやってきたマリスごときが、偉大なルースの記録を抜くべきではない」と不快な感情を隠しませんでした。そんな思いが暴走したのか、マリス選手は「打つな」と脅迫まで受けました。

依然としてルース崇拝の続いていた当時のアメリカで、不世出のアメリカンヒーローの「不滅の記録」を破ることは、事実上タブーであり、許されない雰囲気がありました。

しかも悪いことにマリス選手のチームメイトには強打者ミッキー・マントル選手がいました。マントル選手は「ルースの再来か」と騒がれるほどのスラッガーで、ヤンキースの4番打者として絶大な人気を集めていました。この年も絶好調で、マリス選手と競うように、ホームランを量産していました。

当時のニューヨークのファンにとって、マントル選手は善玉、マリス選手は完全に悪玉でした。ホームランを打つたびに明るくホームインするマントル選手に対して、マリス選手はにこりともしないでかえってきました。その辺も二人の人気に大きく影響していたのかもしれません。

「ヤンキースの伝統は、ルース、ディマジオ、マントルとともにある。マリス選手は部外者だ。マントル選手こそがルースの記録を破るにふさわしい」

ニューヨークのマスコミは、そう書き立てました。当時は、「スターにはスターらしい記録を」という風潮が強く、マスコミもあからさまにマントル選手を応援しました。

マリス選手がルース選手の記録に肉薄するにつれて、こうした外野の声は一層激しさを増し、あることないこと書き立てられた「アンチ、マリス」の中傷記事も増えていきました。

後にマリス選手はインタビューでこう答えています。

「50本目を打った頃からプレッシャーを感じたが、それは試合そのものからではなかった。私を取り囲む多くの記者やカメラマンからだった」

マリス選手のチームメイトだったラルフ・テリー選手によると

「マリス選手は当時まだ26歳で若かったのに、過熱するマスコミの取材や報道で過度のストレスを受け続けたため、みるみる白髪が増え、やがて円形脱毛症になってしまった」

と言います。マリス選手へのメディアのプレッシャーがいかに凄いものであったかがわかろうというものです。

しかし「アンチ、マリス」の逆風はこれで終わったのではありません。さらに追い打ちをかけるような仕打ちがマリス選手を待ち受けていました。

メジャーリーグのコミッショナー、フォード・フリック氏が、「ルースは、154試合制で60本打った。それまでにマリス選手が新記録を樹立しなければ、メジャーリーグ記録を2本立てにする」と発表したのです。

メジャーリーグではこの年から年間162試合制を採用していました。ルース選手と比較するなら154試合まで、というわけです。

結局マリス選手は、154試合までに59本しか打てず、新記録となる61本を打ったのは、シーズン最終戦の162試合目でした。ちなみにマントル選手は54本でシーズンを終えました。

自分の弱さを認める強さがあるか

「アメリカ人の4人に1人はオツムがイカれている」。そんなジョークがあるほどアメリカには精神科が多く、繁盛しています。

仕事でのトラブル、人間関係、家庭内の問題等々、人は様々な問題を抱えながら生きています。そうした悩みや問題にぶつかったとき、日本では家族や友人にアドバイスを求めることが多いですが、アメリカでは多くの人々が心の専門家に相談し、ベストな解決方法を探ろうとします。

ようやく日本でも「精神障害」が広く認知されるようになり、精神科や心療内科などを訪ねる人が増えてきていますが、それでもアメリカに比べればまだまだ少ない方でしょう。

ただしそのアメリカでも、心の問題だけに、医師やごく身近な人以外には治療を受けていることを知られたくないと考える人が圧倒的に多いのも事実です。

そうした風潮の中で、ある一流メジャーリーガーは、セラピストのカウンセリングを受けていることを恐れずに公表しました。

「アイツ、どうかしたんじゃないか？　そう思われるのが嫌で、人はなかなかセラピスト通いを言いたがらないものです。プライドが邪魔をするんでしょう。でも取り組めば改善できることは誰にだってあります。この世に完璧な人間なんて一人もいません。自分には問題がないと思っている人がいるとしたら、それこそ問題です」

メジャーリーガーは強い男の象徴でもあります。体も心もタフである姿を見せるのが商売。ファンは強い男を見たくてスタジアムに足を運ぶのです。そんなメジャーリーガーの見本のような選手が、「いや実はセラピストのカウンセリングを受けている」と告白したのです。あえて、自分も他の人と同じように悩みを抱えている「普通の人間なんだ」と宣言したのでした。

さらにこう言いました。

「セラピスト通いをしているスポーツ選手はたくさんいます。それが表に出てこないのは、セラピストにかかることを人間の欠陥のように考えて、隠しているからです。でもカウンセリングを受けることは弱さなんかじゃありません。むしろ強さだと思います。なぜなら、現実の問題から目を背けずに真剣に向き合おうとしているからです」

自ら苦しみと向き合い、それを乗り越えようとする強い心があるからこそ専門家の助言が仰げるのです。自分の弱さを弱さと認め、乗り越えようとする強さを持っているからこそできる行動なのです。

ノーヒット・ノーラン投手として知られるジム・アボット選手も、ヤンキース時代に契約更改で球団と揉め、ひどく精神的に参ってしまいました。このとき複数の大学教授に精神面での助言を求めたと告白しています。

現実から目を背け、いつまでも問題を一人で抱え込み、悶々《もんもん》と悩み続けていたのでは、事態はどんどん悪くなる可能性があります。自分の弱さを弱さと認められない人は、結局その弱さを乗り越えることはできません。**自分の弱さを乗り越えるには、あえてそれを認める強さが必要**なのです。

そのように考えることができれば、一人で悩み、苦しむこともありません。必要に応じて専門家の力を借りるなり、信頼できる誰かの助言を求めればいいのです。悩み事や心配事は、一人で抱え込まずに分散して解決するのも一つの有効な方法です。

メジャーリーガーには自分の弱さを認める強さがあります。だからこそセラピストのカウンセリングを受け、それによって自分の負担を軽減し、心の安寧《あんねい》を取り戻すことができるのです。

一流選手はなぜみんな物静かなのか

プロ野球を見ていると、しばしば怒りをあらわにする選手に遭遇します。バットを地面にたたきつけたり、グラブをベンチに放り投げたり、判定への不満から審判に食ってかかったりする選手たちです。

それを面白がるファンもいて、私の友人の一人などは、「そんな風に怒りに任せて暴れたり、悪態をついたりする選手を見るのもプロ野球観戦の醍醐味の一つ」と言ってはばかりません。

なるほどそれはそれで楽しみ方の一つでしょう。

しかしそういった選手に一流はまずいません。

一流のメジャーリーガーは、他人に心の内を悟られないように、あくまで平静を装いながら、多くのファンやメディアの視線、さらに自分を脅かす控え選手からのプレッシャーなどと黙々と戦い、跳ねのけ、乗り越えていかなければなりません。

メジャーリーグで**一流といわれる選手は、マイナーリーグの階段を一歩一歩上っていく間に、自分を抑える術を身につけていきます。**

マーク・マグワイア選手もそうでした。彼はマイナーリーグ1Aにいた頃、すぐにカッとなる癖がありました。しかし2Aに昇格してからはその癖が全く見られなくなりました。ある日の試合で、判定に不満を持った選手が激しく審判に食ってかかるのをベンチから見ていて、「うんざりしてしまった」のだと言うのです。

「その選手のみっともない姿を見てハッと気づいたんだ。俺もあんな無様なことをしていたのかって。その日から俺は決心したんだ。二度とあんなバカな真似をするのはやめようって」

ボルティモア・オリオールズのカル・リプケン選手もマグワイア選手と同じような体験をしています。

リプケン選手はルー・ゲーリッグ選手の持つ2130試合連続出場を抜き、2632

試合連続出場のメジャーリーグ記録を打ち立てた「鉄人」として知られています。2000年シーズンには3000本安打も達成し、後に野球殿堂入りを果たしました。

鉄人の風情を漂わせた冷静なプレースタイルからは、怒りなど無縁のように思いますが、昔のリプケン選手はそうではなかったと言います。

「昔はバットやグラブを投げつけたこともありました。だけどある日、そんな自分の姿がテレビ放映されたのを見てから、もうそんな恥ずかしいことはできない。ファンに見せるものじゃないとわかったんだ」

審判に文句を言ったところで判定が覆るわけではありません。それでも食ってかかるのは、自分の失敗の言い訳にしたいからです。

「見逃し三振に取られたけど、最後の球はボールだった」

そうやって**審判のせいにして自分の負けを認めたがらない選手は、何度でも同じ失敗を繰り返します**。いつまでたっても際どい球の見極めが下手で、肝心な場面で三振を喫したりします。

失敗を認めず「なんであれがストライクなんだ」とより激しく審判に食ってかかり、揚げ句の果てに退場処分を受ける。それが大事な場面であればあるほどベンチは失望し

ますし、そんなことを繰り返していれば、首脳陣から、
「ヤツはすぐに自分を見失う。あれでは大事な場面で使えない」
とダメな選手の烙印を押されるのがオチです。短気は損気なのです。

私はこれまで多くの選手の素顔を間近に見てきました。その結果、一流選手だけに共通するあることに気がつきました。

それは、プロ野球選手という人気職業のスーパースターでありながら、**皆驚くほど物静かな男たち**だということです。

マグワイア選手にしてもリプケン選手にしてもスピーチは苦手だし、ジョークを言うのもヘタだし、およそ派手なパフォーマンスとは無縁な人たちです。

かつてオリオールズで指揮を執ったフランク・ロビンソン監督は、リプケンという選手をこう表現したことがあります。

「彼は考える男なのだ。何かを聞くときのリプケン選手は実に物静かで、自分の意見も静かに話す。でもただ聞いて、黙って従うわけではありません。こちらの話を聞いて、違う意見があれば、それを心にしまわずにどんどん話してくる」

「考える男」は自分というものをしっかり持っています。相手の意見を聞いて、それが違うと思えばためらわずに口に出します。黙っていません。物静かな半面、自己主張が強く、ある意味でとても戦闘的です。

ただしそれは心の内側の話であって、口をついて出る言葉は極めて冷静、かつソフトで、熱くなるようなことは決してありません。**胸の内は熱くても、それをコントロールし、冷静に処理する術を持っています**。

この冷静な立ち居振る舞い、優れた自己制御能力が、無口で物静かな人物像をつくると同時に、プレーの質をも高めています。

自己制御能力を高める

一流の選手は、**優れた自己制御能力で身心をリラックスさせ、最適な集中力をゲームで発揮**します。そのために多くのメジャーリーガーが取り入れているのが合気道や禅などの東洋的な精神修行の方法です。

例えばマーク・マグワイア選手の場合は禅を取り入れていました。もともと強い精神力の持ち主でしたが、禅を通じて精神統一をはかることによって、自分の感情をよりコントロールする術を身につけました。

マグワイア選手をよく知る人物はこう語っています。

「彼は自分のエモーション（感情）をコントロールするというとてもユニークなテクニックを持っている」（セントルイス・カージナルスのトニー・ラルーサ監督）

「彼は自分でメンタルサイドをコントロールすることができる。自分の中で気を揉んだり、イライラしたりすることのない人間だ」（カージナルスの捕手トム・ランプキン選手）

禅による精神統一で自己制御能力が一段と磨かれ、それがホームランの量産につながったのです。

この他、メンタル面を強化するためのポピュラーな方法として、スポーツサイコロジスト（スポーツ心理学者）によるカウンセリングがあります。会計士や弁護士を雇うのと同じように、専任のスポーツサイコロジストのカウンセリングが心身にいいとなれば、**すぐさま取り入れる合理性を、一流プレーヤーは持っています。**

もう何年も前ですが、私がロイヤルズにいた頃は、合気道や禅などの精神修行の方法の他、指圧や鍼灸といった体の手入れの手法を取り入れるケースも増えていました。

一流選手はなぜ繊細なのか

「テレビで見るよりずっと大きい」
「胸板の厚さに驚いた」
「筋肉のつき方がハンパじゃない」

メジャーリーガーを初めて間近に見た人の感想は、だいたいこういうものでしょう。

メジャーリーグに上がるような選手は、誰もが徹底的に肉体を鍛え上げているので、とにかく大きい。みんなが大きいので、テレビで試合の中継などを見ていると、逆にその大きさがわかりません。ちょっと小柄な選手が出てくると、周りにいる選手があまりにも巨漢ぞろいなので、やけに貧弱に見えたりします。

しかし、そんな華奢に見える選手も、実際にそばで見ると、一般人とは比べ物になららないほどがっしりしています。ユニフォームの上からでも一目でわかります。鍛え抜かれた鋼のような体は、紛れもなく一流アスリートのそれなのです。

見た目が立派なだけに、メジャーリーグの選手に対しては、大雑把で荒っぽいイメージを抱く人も多いようですが、それは誤ったメジャーリーガー像で、実際はとても繊細で細やかな神経の持ち主が多いです。

一流といわれる選手は、ほとんどそうだといってもいいでしょう。むしろ神経質といった方がいいくらいです。逆にいえば、そのくらい**繊細で細やかな精神の持ち主でなければ、一流のメジャーリーガーにはなれません**。

それはなぜか。禅問答のようになりますが、

「強さとは弱さを知ること。弱さとは臆病であること。臆病であるということは守るべき大事な何かを持っているということ。守るべき大事な何かがあるということは強くならなければならないということ」

強くなるためには、そのモチベーションの引き金として、自分にとって大事な何かが必要なのです。それは選手によって、妻であったり、子供であったり、恋人であったり、

自分の地位であったり、健康であったり、プライドであったり様々ですが、それらを臆病なまでに守ろうとします。

そのためには繊細で細やかな神経が、どうしても必要なのです。

INNING

7

人材育成とプロの仕事

ライバルが人を育てる

毎年**ドラフトで指名されて入団してくる選手のうち、メジャーリーガーになれるのはたった5パーセント**。この数字が示すように、メジャーリーグは生存競争の激しい世界です。

活躍が掲載されたばかりの選手が、数日後には他球団への電撃トレードの主人公として再び新聞記事に登場したり、トレードならまだしも、「マイナーに降格されて他の選手にポジションを奪われた」と小さく書かれたりすることもあります。

メジャーリーグはアメリカンリーグ15チーム、ナショナルリーグ15チームの計30チームで構成されています。このメジャーリーグを頂点に、3A、2A、1A、ルーキーと4つのマイナーリーグが段階的に組織されています。

メジャーリーグの各チームは、3Aと2Aは各1チームずつ、1Aとルーキーは複数のチームを持っています。合計すると1球団につき7～8チームというのが普通で、多くの球団が二軍の1チームしか持たない日本のプロ野球とは、ケタ違いの層の厚さ、裾野の広さを誇ります。

メジャーリーグの1球団に所属する選手の数は、傘下のマイナーチームを含めて約250人。大きく分けると80～100人ぐらいが投手、残りの150人ぐらいが野手で構成されています。

野手のポジションは8つなので、計算上では1つのポジションに約19人の選手がいることになります。もし自分が二塁手であれば、そこには18人のライバル選手がいて、同じようにメジャーの座を狙っているということです。

しかし、実際にその夢をかなえることができるのは、ほんの一握りの選手だけです。ほとんどの選手は、最高の舞台を一度も踏むことなく選手生命を終えていきます。球団に所属する約250人の選手のうち、メジャーのベンチに入れるのは26人にすぎません。所属チームの中からメジャーリーガーになれるのはたったの10パーセントです。

メジャーリーグでは毎年6月にドラフトが行われます。このとき、フロントスタッフが決まって言う言葉があります。

「今年ドラフトした選手の中から一人でもメジャーリーガーが生まれればいいんだけれ

ど」

メジャーリーグでは、毎年各球団が50人前後の選手をドラフトで指名しますが、数年間、マイナーで修業している間にほとんどの選手が脱落してしまいます。メジャーリーグに昇格するのは極めて難しいのが現実です。

ドラフトで指名しても、年によっては全員がマイナー止まりで、一人もメジャーリーガーが誕生しないこともあります。選手がメジャーリーグにたどり着くのも大変ですが、球団がメジャーリーガーを育て上げるのも一苦労なのです。

とりわけ選手がレギュラーの座をつかむのも、球団がレギュラーとなる人材を育成するのも、難しいポジションといわれているのが捕手です。

他のポジションほど動きに派手さはありませんが、投手とともにゲームをつくる要の存在であるため、どうしても要求されるレベルが高くなるのです。しかもメジャーリーグの捕手の枠は2人しかありません。

捕手は投手と同じくらいボールに触れる時間が長く、それが長ければその分、直接的にゲームに関わる時間も長くなります。当然疲労度も増しますし、接触プレーもハードでケガをする確率も高くなります。技術をうんぬんする前に体力面で疑問符がつくということもよくあります。

心技体ともに桁外れにタフでなければ務まらないのが捕手というポジションです。疲労度という点では、むしろ投手の方が楽かもしれません。登録枠が8～10人とあって、先発なら中4日で投げればいいし、中継ぎや抑えは毎試合のように登板しても投げるイニングが短い。このため疲労度は毎日出場する捕手ほどではありません。

その点で投手は、すでに成功している日本人投手が何人も出ているように、大いに可能性があります。日本でローテーションの軸になっているような投手なら、メジャーリーグでも10勝前後する力は十分あるでしょう。

プラトーン方式で選手の実力を伸ばす

メジャーリーグで最も夕フで難しいといわれるポジションだけに、捕手の育成にはどのチームも苦労しています。そこで**多くの球団が採用しているのが、実力の似通ったラ**

イバル同士を競わせる「プラトーン方式」です。

メジャーの捕手枠は2人で、1人がレギュラー、もう1人が控えに回ります。といっても通常、2人の実力差はごくわずかで、限りなく同等に近いレベルにあります。過酷なマイナーの競争をくぐり抜け、メジャーまではい上がってくるような捕手は、いずれも相当な実力の持ち主なので、2人の捕手枠に入ること自体大変なこと。そうした実力伯仲の2人を競わせることで互いのさらなるレベルアップをはかり、チームの戦力向上に寄与しようというのがプラトーン方式の狙いです。

この場合、メジャーリーグの控えの捕手は、3Aの正捕手ともライバル関係にあるので、ケガをしたり少しでも調子を崩したりすれば、すぐに入れ替えが行われます。あるいはマイナーにいい選手がいなければ、よそのチームからトレードやフリーエージェントで獲得してきます。

そうやって常にメジャーの正捕手を脅かす存在を供給し続けます。

これをやられたら正捕手も必死になります。手抜きはできないし、少しぐらい体調が悪くても泣き言など言っていられません。それこそ風邪でだるそうな顔でもしていたら、「どうした？　体調がよくないのか、だったら休め。今日はアイツにマスクをかぶらせるから」

と、すぐに監督に言われるに決まっています。

これは控えの捕手にしても同じです。少しでも気を抜けば、すぐに下のクラスから活きのいい若手が上がってきます。ライバルは、相手が隙を見せるのをいつでも手ぐすね引いて待っているのです。

プラトーン方式はこうやって常にライバルの2人に、いい意味での緊張感を強いる。

それがお互いのレベルアップにつながるのです。

とにかく選手層の厚いメジャーリーグには代わりになる選手がいくらでもいます。ちょっとしたことでいつメジャーリーガーの肩書を外されるかわかったものではありません。

アメリカ球界には、「ウォーリー・ピップ」という言葉があります。「選手が何らかの理由で試合を休み、先発レギュラーから抜けてしまうこと」を意味するスラングです。

この言葉の由来がいかにもメジャーリーグらしいので紹介します。

かつてウォーリー・ピップというメジャーリーガーがいました。名門ニューヨーク・

ヤンキースの一塁手で、10年間もレギュラーを守っていましたが、1925年に試合で頭に死球を受け、6月2日の試合を欠場しました。頭痛がしたため大事をとってのことです。

しかし後から思えばそれが運の尽きで、以後ピップ選手は二度と一塁のレギュラーに戻ることはありませんでした。代わりに一塁手として出場した当時21歳の若手選手が大活躍し、そのままピップ選手からレギュラーポジションを奪ってしまったのです。

若者の名はルー・ゲーリッグ。彼は一塁のレギュラーの座をつかむと、ベーブ・ルース選手とともに3、4番を打ち、ヤンキースの全盛時代をつくりました。そして14年後の1939年4月末には2130試合連続出場というメジャーリーグ記録まで打ち立ててしまいました。

これは1995年ボルティモア・オリオールズのカル・リプケン選手が記録を更新するまで（最終的には2632試合連続出場）50年以上も破られることがなかった「不滅」といわれた大記録でした。

生存競争の激しい社会では、たとえ一日でも仕事を休むということは、今の自分のポジジョンを失いかねないリスクを伴います。その意味で**ライバルの存在は、試合に臨む心構えやプレーに対する研究心を常に向上させるいい刺激になります。**

プラトーン方式の効用は、まさにここにあります。

メジャーの強行日程がライバルを必要とする

プラトーン方式でライバルを仕立てて競わせる背景には、メジャーリーグの過酷なゲーム・スケジュールも大いに関係しています。

メジャーリーグは年間162試合も公式戦を行います。日本のプロ野球は143試合ですので19試合も多い。これだけでも大変ですが、メジャーの球団はカナダにもあるので、北米大陸を東西南北に何千キロも移動しなければなりません。時差のある移動など日本では考えられないことです。

この過酷な移動を挟みながら、連戦の強行日程が続きます。しかもメジャーでは日曜日にデーゲームが組まれることが多く、土曜日にナイトゲームを戦い、翌日の昼間にデーゲームが開催されるのです。

これは、特に重労働の捕手にはいかにもきつすぎます。

そこで、メジャーの監督は、日曜日のデーゲームは正捕手を休ませるために控え捕手を起用します。そうすれば、日曜のデーゲームが月4試合、6ヵ月のシーズンで計24試合、少なくともこれだけは休ませることができます。そうやって定期的に正捕手を休ませないと、長いシーズンを考えた場合、選手は体がもたないのです。

平均してみれば、正捕手がマスクをかぶるのは年間120～140試合程度です。これは1992年から10年連続ゴールドグラブ賞に輝いた、テキサス・レンジャーズなどで活躍したイバン・ロドリゲスのような名捕手でもそうです。だいたい年間30～40試合ぐらい休むと考えていいでしょう。

この穴を埋めて、チームを勝利に導くのが控え捕手の役目です。当然、正捕手と同等、もしくはそれに近い実力が要求されます。いつでもレギュラーに代われる陰の正捕手。メジャーの控え捕手とはそういう位置づけです。

正捕手に代わって出場するときは、監督にアピールする絶好のチャンスで、ここで**どれだけ存在感を示し、いい結果を残せるかで、その後の控え捕手の運命も決まります。**

日本でいい捕手の条件は、1にインサイドワーク、2にキャッチング、3に肩、4に打力といったところかもしれません。つまりうまく投手をリードさえしてくれれば、打てなくてもいいポジションという考え方なのかもしれません（最近は考え方が変わってきているようですが）。

これに対してメジャーリーグの場合、いい捕手の条件として真っ先に上がるのは、何といっても打力です。打てないことには話になりません。

というのも厳しいマイナーの競争を勝ち抜いてメジャーの2人の捕手枠に入るような選手は、いずれも肩は強いし、キャッチングはうまいし、インサイドワークにも非凡なものを持っています。捕手の能力という点ではほとんど差がありません。

となると、何が決め手になるのかといえば、バッティングしかありません。打てる捕手こそがプラトーン方式のライバル対決を制します。

そういえば、メジャーを代表する豪打の捕手として知られるマイク・ピアザ選手がロサンゼルス・ドジャースからフロリダ・マーリンズ経由でニューヨーク・メッツにトレードされたとき、こんなことがありました。

メジャーリーグの捕手枠は2人で、レギュラーの椅子は1つしかありません。そこへ超大物捕手のピアザがやってくれれば、当然1人があぶれてしまいます。弾き出されたのはトッド・ハンドリーという選手でした。彼はピアザ選手の入団で、「俺のポジションがなくなる」と怒りまくりました。

しかしチームは彼を見捨てはしませんでした。彼はバッティングがよかったので、外野にコンバートして使うことにしたのです。

メジャーリーグではこうしたケースがよくあります。他にも、正捕手でありながら打力をいかすために指名打者に回る選手もいますし、「捕手としてはいま一つだが、打力は捨てがたい」ということで、マイナー時代に内、外野にコンバートされ、才能を開花させるケースも非常に多くあります。

どこの世界でも通用するリーダーの条件

メジャーリーグの球団で一番権限を持っているのはオーナーですが、**球団を強化し利益を上げるための責任者はゼネラルマネージャー、通称GM**です。ワンマンオーナーの場合、オーナーがGMの仕事を一部兼務している球団もありますが、基本的にはGMがその球団のリーダーといえる存在です。

では、どんな人間がGMになれるかというと、次の「3つの要素」が必要といわれています。「業績主義」「透明性」「高潔性」です。これはGMの条件にとどまらず、アメリカ社会における「リーダーの条件」ともいえます。

「業績主義」とは「成果主義」ともいわれ、どんな結果を残したかで評価をし、情実や縁故による判断の違いを許さないということです。これは、次の「透明性」にもつながります。

ただし、最近の日本社会でいわれている「成果主義」と、メジャーリーグの「業績主義」は少し違います。

日本の成果主義はともすれば、「目先の数字にばかりこだわる」「与えられた数字をこなせばよい」という性格を持っていますが、それでは単なる「帳尻合わせ」でことが足りてしまいます。

メジャーリーグの業績主義には、その前提に必ず「高い理念」や「理想、目標」があります。それらがあるのが大前提で、「でも数字はきちんとチェックする」という姿勢が業績主義なのです。

例えば、「5年後にワールドシリーズで勝てる球団にする」という目標を掲げながら、「そのために今季はこういうことをする」という戦略を立て、「それに対してどういう実績を上げたのか」と業績の評価をします。これがメジャー流の業績主義というわけです。

高い理念を唱えても、どんなに素晴らしい目標を掲げても、現在の実績が伴っていなければ、株主や取引先、従業員やお客は納得してくれませんし、正しいビジネスとはいえません。**目標に向かって進んでいきながらも、それぞれの時点できちんと目指した結果が出ているかをチェックする能力が、リーダーには求められる**のです。

アメリカのビジネス社会では、「何年後にこうします」という目標を掲げても、その期限が来る前に、途中で解雇されてしまうことが少なくありません。それは上司が気が短いのではなく、「目標を達成するために必要な中間段階の業績が出せなかった」からです。

途中でコースから外れてしまったものが、どこかで偶然にもコースに復帰するわけがありません。それができたとすれば、最初の目標が甘かったといえます。

業績主義とは、このように自分と部下に対して、高い目標を達成するために、いつでも結果をチェックしていこうという姿勢のことです。それは、甘えや惰性を排除した、プロの仕事スタイルなのです。

次の「透明性」というのは、「首尾一貫していること」と言い換えてもいいかもしれません。簡単にいえば、同じことをした2人の部下に対して、こちらは褒めて、こちらは叱る、というような接し方をしないということです。

いつも一緒に飲みに行く部下ばかりをかわいがり、付き合いが悪い部下を冷遇する、などというのは「不透明」の極みです。

また、部下に対する自分自身の振る舞いについても、何の正当性もなしに、あるときは賛成し、あるときは反対するなどということは透明性に反します。**透明性とは、不合理や不条理のないリーダーシップのこと**をいいます。

個人の感情を仕事の判断に挟まないこと。これが透明性の第一歩です。

日本のプロ野球でリーダーといえば、「監督」と誰もが答えるでしょうが、メジャーリーグの球団では、GMこそがリーダーです。意外に思うかもしれませんが、メジャーリーグにおける監督やコーチは、選手と同列の立場なのです。

選手はグラウンドでプレーするのが仕事、コーチは指導、監督はゲームの指揮を執るのが仕事という違いはありますが、皆同様にGMの部下と考えることができます。

そのGMは、オーナーに雇われて目標を達成するために働きます。その下にはフロントスタッフ、選手をはじめとして大勢の人がいますから、透明性がないととても統率できません。

最後の**「高潔性」とは、「誰も見ていなくてもずるいことをしない」というもの**です。

裏金をもらって指示を変更したり、自分個人の利益を組織の目標より優先したりすることは高潔性に反します。汚職をする議員、脱税をする企業家などは、この高潔性に欠けていることになります。

マイナーリーグでルーキーリーグ、クラスAと呼ばれるレベルに属する選手は給料が安く、月給が850~1000ドルくらいです。日本円に換算しても安い給料です。生活が苦しくて、中には万引きをしてしまったり、レストランでお金を払わずに出てきてしまったりする選手がいます。

誰も見ていないからと思い、そのようなことをしてしまうのでしょうが、もう一人の自分が見ています。自分を裏切ってしまうと、一流の選手にはなれません。

もう一人の自分とは「潜在意識」といってもいいでしょうし、「良心」といってもいいかもしれません。悪いことをしてしまいそうになる自分とは別の、正しいことを知っている自分のことです。この二つの心が一つにまとまっていることが、透明性と高潔性を保つためには必要です。

二つの心が一つになると自分が見えてきます。自分を知っている人は、過大な売り込みはせず、言い訳もしません。準備ができていなければ努力を続けるし、出た結果については自分ですべて引き受けようという姿勢だからです。

「業績主義」「透明性」「高潔性」の3つの要素は、どの世界に行っても通用するリーダーの条件です。

そして、リーダーの条件を備えている人は、どんなところでも実力を発揮できますから、あらゆる社会で必要とされます。

プロは勝つことにこそ意味がある

私が以前在籍していたカナダのモントリオール・エクスポズにフェリペ・アルーという監督がいました。彼はメジャーリーグ初のドミニカ人監督です。ラテンパワーの炸裂するメジャーリーグとはいえ、球団幹部や監督はいまだに白人社会で、マイノリティーが監督になるケースは多くありません。

そこには偏見と差別が依然として存在しますが、アルー監督にはそうした声を封殺して余りある優れた手腕と人望がありました。その証拠に「アルー監督のもとでプレーしたい」という選手は大勢いましたし、ラテン系やアメリカの黒人選手はもとより、白人選手からも人気がありました。

20年ほど前になるでしょうか。あるアメリカのスポーツ雑誌が、メジャーリーガー100人に「どの監督のもとでプレーしたいか」というアンケートを取りました。結果は次の通りで、全30チームの監督中、アルー監督は5位にランクされました。

1位　ダスティ・ベイカー監督（サンフランシスコ・ジャイアンツ）
2位　ジム・リーランド監督（当時フロリダ・マーリンズ）
3位　ジョー・トーリ監督（ニューヨーク・ヤンキース）
4位　トニー・ラルーサ監督（セントルイス・カージナルス）
5位　フェリペ・アルー監督（当時モントリオール・エクスポズ）

アルー監督はいつも口癖のようにこう言っていました。

「野球だろうがビジネスだろうが、その道のプロというのは、勝つことにこそ意味があります。結果が悪ければいくら過程がよくてもあれこれ言われます。アマチュアなら結果はともかく、よく頑張ったですみますが、プロはそうはいきません。試合は勝負であり、負ければ叩かれるのを覚悟しなければなりません。**プロとは常に結果を問われるものだということを忘れてはいけません**」

当時、モントリオール・エクスポズは、ベテラン選手より若い選手が多く、相手チームからすると取り組みやすい印象があったかもしれませんが、いざ試合をやってみると、それがとんでもない間違いであったことに気づくのです。

アルー監督は選手のいかし方がとてもうまく、チームの戦力や評価はどうであれ、勝ち方を知っていました。勝とうとする信念を持っていたのです。

1994年には勝率6割4分9厘。その年のAP通信の最もよい監督を表彰するメジャーリーグ監督賞を受賞しています。

選手はどこにいても勝ちたい。だから勝てる監督のもとでプレーしたいというのが本音です。アルー監督のもとでプレーしたいという選手が多かったのは、選手のいかし方がうまいというだけでなく、勝てる監督だったからです。

勝つことを忘れた経営者、管理職、社員はプロとはいえません。プロにプロセスの評価は必要ありません。必要なのは結果です。

プロはプロらしく、勝つことに徹しなければなりません。

INNING

8

コミュニケーション能力を磨く

「協調性」絶対重視のメジャーリーグ

メジャーリーグで毎年6月第1週に行われるドラフト会議。ここで採用された各球団40～50人の高校生、大学生の新人選手は、約3ヵ月間ルーキーリーグでプレーします。前にも述べた通り、日本のように新人選手がいきなり一軍登録されて試合に出るということは、メジャーリーグの世界ではほとんどありません。

なぜルーキーリーグでプレーさせるかというと、採用のときに見えなかったその選手の特徴や人間性をその期間で見極めるためです。

例えば、才能がある有名な選手を採用しても、努力しなかったり、お酒を飲みすぎる傾向があったり、ドラッグをやっていたりするかもしれません。そういったことは実際に見てみなければわかりません。

つまり、**ルーキーリーグは「試用期間」**というわけです。

3ヵ月間の試用期間中に「これはもうだめだ」と判断された選手は、その時点で解雇されることがあります。日本のプロ野球界では、入団した年に解雇される選手はいないと思いますが、アメリカでは日常茶飯事です。努力をしない、お酒を飲みすぎる、たばこを吸いすぎる、ドラッグをやっている、という選手は直せる可能性がありますから、その時点ではまだ解雇されません。

最短期間で解雇される選手は、天狗になる人、生意気な人、協調性のない人、すぐに喧嘩する人、すなわち「仲間と一緒にうまくやっていくことが難しい人間」です。

「俺は大学野球のスターだったんだから、高校生と一緒に練習なんかできるか」と傲慢な態度をとる選手、「今日はホームランを打ったんだから、練習をさぼってもいいだろう」と怠ける選手、何かというと監督やコーチに文句をつける選手、そういう人たちはメジャーに上がることはおろか、マイナーリーグに居続けることもできません。

「お客様に驚きと感動を与える仕事を長く続けることのできる人」という条件を満たし、限られた枠に入ることができるのは、本当に一握りの人たちだけ。「狭き門」だからこそ、2億～3億円もの高い月給がもらえるのです。

自分の思う「適所」に配属されるためには、「適材」であることを自ら証明する必要があるというわけです。

日本ではメジャーリーグを「個性豊かな人物ぞろいの個人主義が徹底したところ」と

いうように理解している向きもありますが、それはメジャーリーグに上がって、きちんと実績を残している人だけに当てはまることです。

日本の企業社会は協調性を重んじるといいますが、それ以上に**メジャーリーグは協調性を絶対重視した社会**です。

最後に物をいうのは人間性

企業の講演会などに招待されると、私はこう言います。

「メジャーリーグでは、野球の技術より人間関係や信頼関係をうまく築き、保てる能力を持っている選手の方が一流選手になれます」

その瞬間、会場に「え?」という空気が流れます。メジャーリーグとは野球の能力こそがすべての弱肉強食の世界。日本ではメジャーリーグについてそんなイメージを抱いている人が多いかもしれません。**「大事なのは人付き合いの能力」**などと聞かされると、「そんなバカな」と面食らってしまうようです。

しかしそれは紛れもない事実です。

もともとメジャーリーグというのは、技術的にうまくて当たり前の社会です。アマチュア時代から名の知られた選手が、マイナーリーグで徹底的に鍛えられ、中でも飛び切りうまいと判断された選手だけがメジャーリーグに昇格し、プレーする世界。それがメジャーリーグです。

技術的には超一流で、誰もが最高のレベルにあります。こうなると技術面で比較しても大した差は出てきません。そこで物をいうのは人間性です。**人間性というのは、ここ一番というときに、必ずプレーの質となって現れます**。

さらにいえば、野球というのは個人プレーの要素も強いですが、基本的にはフィールドに出ている選手だけではなく、ベンチにいる控え選手や首脳陣も含めたチームプレーのスポーツです。

メジャーリーグでは、プレーに欠かせないものを語るとき、よくこんな言い方をします。

「ベースボールに必要なのは、ボールにバットに人間。あえて4番目にあげるとすればグラブです」

グラブは素手でも代わりがきくので別になくてもかまいません。またボールやバットはなければ困りますが、少々の汚れや傷なら道具として立派に使えるので、さほど気にすることはありません。

ただし人間はそういきません。心に不安や問題を抱えていれば、持っている力を十分に出し切れませんし、それが原因でチームメイトとの間に十分な信頼関係が築けないとしたら、ベースボールの本質であるチームプレーが機能しなくなります。これではチームが勝利するのは難しいです。人と人とのコミュニケーションは勝敗に大きく影響を及ぼします。あえてベースボールに最も欠かせないものがあるとすれば、それは人間であり、その質です。

つまり**メジャーリーグで最も重要視されるのは、選手の人間性**です。

では人間性を磨き、周囲から信頼される人間になるにはどうすればいいのでしょうか。

一つは、自らを律し制御する強い精神力を身につけることです。

自分のミスや審判の判定などに腹を立てグラブやバットを投げつけるなど、怒りに任せた振る舞いをする選手もいますが、自分の感情をコントロールできず、すぐにキレるような選手を見ていったい誰が信頼するのでしょう。**優れた自己制御能力は、仲間の信頼を得る最も重要なポイントの一つ**です。

さらにいえば、**コミュニケーションの能力を磨くことも忘れてはなりません**。信頼をベースとした深い協調性です。それは外国人選手の場合、特に重要になります。単に言葉を覚え、習慣、風俗に溶け込むなどアメリカ社会への順応だけですむ問題ではありません。そんなことは異国に暮らす人間であれば当然のことで、そのうえでさらに濃密な人間関係を築くには、もっと直接的な何かが必要になります。

それは何かといえば、「気配り」と「いい雰囲気づくり」です。これは何も難しく考える必要はありません。自分の気持ちを少し抑えて、常に相手や周囲のことを考えるようにすればいいだけです。

具体的には、次のようなことを心がけるといいと思います。

・相手の話に耳を傾ける。
・相手を心から褒める。
・相手のためにできることはどんどんしてあげる。

・相手に見返りを求めない。
・感謝の気持ちを忘れない。
・笑顔を絶やさない。
・名前（ニックネーム）で呼ぶ。

ただしあまり意識しすぎると、かえって嫌みになったり、浮いた存在になったりしかねませんので注意が必要です。

ジョークのわからない人は人格まで疑われる

アメリカの社会では「気配り」と「いい雰囲気づくり」に欠かせない小道具があります。それはジョークに象徴されるユーモアのセンスです。

精神分析学の祖、S・フロイトは「ユーモアには心を解放する要素がある」と言い、哲学者のI・カントは「笑いは常に消化に必要な筋肉の振幅であり、それは医師の施術や処方箋よりはるかに消化を促す」と言いました。

ユーモアが生み出す笑顔の効用は、心身の健康を増進するにとどまりません。場の雰囲気を和ませたり、人間関係をスムーズにしたりする「潤滑油」としての効能も大きいのです。

例えば、講演会や何かのスピーチの席で話し手がジョークを言った途端、それまでピンと張りつめていた空気がサッと緩んで、一気に会場の雰囲気が和やかになることがありますが、あれなどはユーモアがもたらす笑顔の効用の最たるものでしょう。

効用がはっきりしているだけに、アメリカ社会ではジョークを理解し、使いこなせるかどうかは、人物評価において重要なポイントになります。

アメリカの作家シンクレア・ルイスはこう言っています。

「人間には耐えられない侮辱が二つあります。ユーモアのセンスがないという評価と、苦労知らずという評価です」

アメリカではジョークが言えない人、理解する頭がない人は「低レベルの人間」とみなされ、ジョークの言えない大学教授は「教授にあらず」ですし、ジョークで大衆を笑わせられない政治家は「政治家にあらず」なのです。

アメリカの大統領は演説の中で必ず大衆を笑わせています。大統領候補も全米各地で遊説するときは決まってジョークを織り交ぜたスピーチを行います。**スマートにジョークを言える話し手ほど人を説得したり、感動させたりすることができる**のです。

ビジネスパーソンも同じで、特にエグゼクティブを目指す人は、人を笑わせる技術を心得ていないと組織の上に立つのは難しいです。アメリカ社会においてジョークを理解するかどうかは、その人のビジネスマインドや心の器をはかる重要なモノサシになっています。

ますますボーダレス化しているビジネス環境で、アメリカ流のユーモアセンスは、今や日本のビジネスパーソンにとっても必須の時代です。

アメリカ人にはジョークに長けた人が多い。老若男女問わず、日常の会話の中で軽妙洒脱なジョークを飛ばし合います。ある政治家はスピーチの冒頭で、「今日はジョークから始まらないことをお許しください」とわざわざ断りを入れました。それほどアメリカ社会ではジョークが日常化しています。

これに対して日本人はジョークを会話に添えるのがあまり上手ではありません。ジョークの中身や言う場所について心得違いをしているケースが少なくありません。しばしば、アルコールを口にしながら、職場の人や取引先の人、家族などをネタにして、下品な笑い声を立てていたりします。また駄洒落が多く、ユーモアやウイットに欠けるきらいもあります。

具体的にいくつか例をあげてみます。

日本人のジョーク

A「今年の阪神はいけるんちゃいます」

B「どないでっしゃろ。半信半疑とちゃいますか」

いうまでもなく、阪神と半信半疑のハンシンをかけた駄洒落ですが、これで笑えるかどうかは、その場の雰囲気や当事者同士のセンスの問題でしょう。

個人的にはこの手の駄洒落はまあまあですが、ジョークのグローバルスタンダード（国際標準）を目指すなら、もう少し気の利いたブラックジョーク的なものの方が相手の気を引きます。

アメリカ人のジョーク
A「君は仕事に追われがちだなあ。もっと仕事を追いかけるようにしないと」
B「はあ、一生懸命追ってはいるんですが、ヤツら逃げ足が速いもので」

アメリカ人のジョーク
A「うわあ、ひどい顔だね。昨夜はだいぶ飲んだの？」
B「ああ、ちょっと飲みすぎちゃったよ」
A「頭、痛い？」
B「ああ、頭のスペアが欲しいよ」

アメリカ人のジョーク（息子のために結婚式場の予約に行った父親の会話）
A「結婚式の日取りを予約したいんだが」
B「あなたのですか？」
A「いや、うちの息子だよ」
B「これは失礼、あんまりお若いもので、そろそろ結婚されるのかと」

A「いやいや、古女房が健在だよ」
B「何でしたら、お引き取りしますが」

アメリカ人のジョークは慣れないとその面白さがわかりませんが、今では関連する書籍やインターネット上のサイトがかなりありますので、国際感覚を身につけたい人は、そうしたものを利用してユーモアのセンスを養うのもよいのではないでしょうか。

引退スピーチにジョークを使った選手

私が最初に入った球団、カンザスシティ・ロイヤルズの名選手だった、ジョージ・ブレットは約20年の選手生活にピリオドを打った引退スピーチで、こんなジョークを言って爆笑を誘いました。

「ベーブ・ルースより多くのヒットを打ち、ワールドシリーズで優勝し、3回も首位打者を獲得したというのに、皆さんはブレットといえば『痔』と『パインタール（松ヤニ）

事件』しか覚えていないようです」

ブレット選手のジョークがなぜバカ受けしたのか、簡単に説明しましょう。

彼は通算2707試合で3154安打、生涯打率3割5厘、317本塁打、1595打点、首位打者3回というメジャーリーグの歴史に残る名選手です。1999年には野球殿堂入りも果たしています。しかし一方で、球史に残るような珍事を二つも起こした選手としても有名で、それが「痔」と「パインタール事件」です。

カンザスシティ・ロイヤルズは1969年に誕生した歴史の浅い球団で、球団創立12年目の1980年に初めてアメリカンリーグの優勝を飾り、フィラデルフィア・フィリーズとのワールドシリーズに臨みました。1、2戦は敵地フィラデルフィアで行われましたが、ブレット選手はシリーズ前から我慢していた痔が悪化し、第2戦では2打数2安打しながら、あまりの痛さに途中で交代するありさまでした。

「せっかく初めてのワールドシリーズだというのにこのままでは悔いが残る」と思ったブレット選手は翌日、地元カンザスシティーへの移動日を利用して、急遽、痔の手術をすることにしました。さすがに第3戦は欠場かと思いきや、なんと先発出場し、1回裏の最初の打席で見事ホームランを打っています。結局、シリーズはフィリーズが4勝2

敗で制しましたが、主役はなんといっても痔の手術をしたブレット選手でした。ちなみにブレット選手がワールドチャンピオンを経験したのは、1985年のことでした。

さてもう一つの珍事件は1983年7月24日のニューヨーク・ヤンキース戦で起きました。9回表2死一塁、3対4とリードされたロイヤルズはブレット選手が逆転2ランホームランを放ち、5対4としました。

ところが「喧嘩屋」と異名を取ったヤンキースの名監督ビリー・マーチンから「ブレット選手のバットはグリップエンドから18インチ（規則許容範囲）以上にわたってパインタールが塗ってある」と猛烈な抗議がありました。

すでに当時から多くのメジャーリーガーが打撃用の手袋を使っていましたが、ブレット選手は素手の感覚を大事にするため手袋を使用していませんでした。その代わりに滑り止めのパインタールをたっぷりとバットに塗るのが習慣になっていました。

マーチン監督はこれにかみつきました。

抗議を受けた審判団は早速、幅17インチのホームベースを使って計測しました。するとマーチン監督が言うように、ブレット選手のバットのパインタールは明らかに18インチを超えていました。ブレット選手は不正打撃によりアウトを宣告され、試合は4対3でヤンキースの勝利となりました。

しかしこれに、ブレット選手やロイヤルズが猛反発。ヤンキースとの間で4日間も争いました。最終的にはブレット選手のバットがアメリカンリーグの会長に届けられ、査定を仰ぐことになりました。結果は、「18インチ以上にわたってパインタールを塗ったことでボールの反発力を増しホームランが出たとは考えにくい」との会長判断で、ホームランの有効性は認められ、約4週間後の8月18日にブレット選手のホームランの後から試合が再開されることになりました。

この史上稀にみるサスペンデットゲームは、結局5対4のままロイヤルズが勝利を収めました。試合再開から終了までたった12分のゲームでした。

この二つの珍事件は、アメリカの野球好きなら誰でも知っています。それをジョークにしたのでみんなが大笑いしたのです。

INNING

9

成功する人の条件

夢をかなえる5つのポイント

「メジャーリーガーになるための条件とは何ですか？」

と最近よく聞かれます。

アメリカ、カナダ、中南米、アジア、オセアニア、ヨーロッパ。メジャーリーグには世界中からメジャーリーガーを夢見て、毎年物凄い数の選手がやってきます。

彼らは言葉もそれぞれ、人種も文化も習慣も多様です。もちろん、育った環境も違えば身体能力や性格だって千差万別です。そんな雑多な背景を持った彼らを、苛酷なマイナーリーグのサバイバルレースが待っています。それに勝利し、実際にメジャーリーガーの栄冠を手にするのは、その中のごく一握りの選手にすぎません。

これまでたくさんの選手を見てきましたが、その中からメジャーリーガーになるための条件を探し出して、一つのモノサシとして提示するのは容易なことではありません。それを承知であえて必須の条件を示すなら次の5つのポイントになると思います。

①才能（野球の才能＝天才といわれるレベルが必要）
②動機（メジャーリーグで成功したいと切望する強い動機）
③機会（メジャーリーガーになるための機会）
④競争心（マイナーリーグの過酷な競争を勝ち抜く強い心）
⑤人生観・哲学（誰からも尊敬されるような一流の人生観や哲学）

メジャーリーグを目指すからには、野球の才能にあふれているのは当然のことで、メジャーリーガーになりたいという人一倍強い動機や、そのための足掛かりを得ることも欠かせない条件です。マイナーリーグのサバイバルレースに勝利し、メジャーリーグの階段を上って行くには、並外れた競争心が必要なのもいうまでもありません。

そして何より重要になるのは人間性であり、とりわけ一流といわれるメジャーリーガーになるには、誰からも尊敬されるような一流の人生観や哲学を身につけることが必須の条件となります。

メジャーリーガーは子供たちの「お手本」でなければなりません。一流といわれる選手たちに話を聞くと、誰もが「子供の頃から、自分はいかに生きるべきかを考えていました」と言います。

そして、「どうすればよりよく生きられるか、どうすればより自分らしい人生が送れるか、今も日々人生観や哲学を磨いています」と語ります。

あるとき、一流のメジャーリーガーに「あなたの抱負は何ですか」と聞いたら、こんな答えが返ってきました。

「地元コミュニティーに貢献していきたい。自分が幼かった頃にしてもらったように子供たちへの社会貢献活動をしていきたい」

「幼児虐待がこの世からなくなることを願っています」

「世界から飢餓をなくすために、一層の努力を続けたい」

「消防士や救命活動に従事する人たちが仕事で命を落とすことがなくなるように願っています」

一流選手は、スピーチやインタビューを通じて自らの人生観や哲学をファンや社会に伝えていきます。それを聞いて人々は、飢餓や幼児虐待や不治の病や麻薬依存など様々な問題に目を向け、彼らと同じように自分の問題として考えるようになります。

ファンや社会が**メジャーリーガーに求めるのは「ロールモデル（社会的模範）」にふ**

さわしい生き方です。大きくなったら、リプケン選手のようになりたい。マグワイア選手のようになりたい。ソーサ選手のようになりたい。そういう、子供たちが夢に描くような「お手本になる人間像」を必要としています。

そうなると、いくら野球がうまくても、自分の成績や年俸のことしか頭にないような選手では困ります。高い理想や倫理観が必要とされます。

一方で、マグワイア選手のように、時には人前で涙を見せるような人情味あふれる親しみやすいキャラクターが求められ、地域や国全体、さらには世界を視野に入れた幅広い見識も要求されます。

野球がうまいだけでは到底務まらないのがメジャーリーガーという職業なのです。

一流の条件その1
「敗北のメッセージ」を受け取らない

最後にまとめとして一流の人間になるための条件を5つ紹介します。

一流の人間というものは、自分がどんなに拒否されても絶対にひるまない精神を持っているものです。**何をしたいかという目標がはっきりしているため、そこの部分が絶対に崩れません**。

例えば、会社を辞めて独立し、お店を始めようとしている人がいたとします。ラーメン店、コーヒーショップ……。何を始めるにしても、「元手」が必要となります。

店舗を借りて、様々な器具を買いそろえたりするのに、全部で1000万円必要だとしましょう。貯金は500万円、身内からさらに200万円を都合してもらうこともできました。しかし、それでも300万円銀行から借り入れなければなりません。

こうなったときに「敗北のメッセージ」はやってきます。まずは最も身近な家族、配偶者からです。

「この厳しい時代に借金までして、返済できなかったらどうするの？」

「お店がうまくいくという保証はどこにあるの？」

目標がはっきり定まっていない三流人は、ここで

「そうだな、今のままでも十分食べていけるし、やっぱりこのまま会社勤めをしておいた方がいいのかもしれないな」

などと思い始め、結局何もしないで終わってしまいます。成功するかしないかはわか

りませんが、やらないと成功しないことだけは確かです。これが家族からの「敗北のメッセージ」を受け取ってしまうパターンです。

そうはいっても、**人の意見を聞かないというのもこれはこれで問題**です。

自分が間違っている方向に進んでいて、せっかくそれを忠告してくれている人がいるのに聞く耳を持たないというのでは、うまくいくはずがありません。

そこで、「敗北のメッセージ」とこうした有効な忠告を、しっかりと区別できるようになる必要があります。一般に有効な忠告というものは、「やるな」というのではなく、「こんなやり方が他にもあるよ」というように、むしろ自分の選択肢を広げてくれる話のことです。これに対し、「敗北のメッセージ」は可能性を文字通り全否定します。

一流の人間は、この違いをはっきり認識し、忠告を受け、「敗北のメッセージ」は断固として拒否しながら、成功をつかんでいくのです。

あなたの周りにも、何かといえば「敗北のメッセージ」を投げかけてくる人間がいるかと思います。別にその人に悪意はないでしょう。しかし一度、その人がこれまでに何を成し遂げた人なのかを思い返してみるといいと思います。おそらくそういうタイプの人は、自分では何も成し遂げていない人間のはずです。

一流の条件その2

高い理想、理念、夢を持つ

一流の人間になるための2番目の条件は、**人として誇れるような、確固とした高い目標を持っていること**です。理想、理念、夢といってもいいかもしれません。

メジャーリーガーならば、ただ野球をやって、たくさん給料をもらって、いい家を買って……というのでは、とても人に誇れる生き方とはいえません。

「野球を通じて、子供たちのためにスポーツの素晴らしさを伝えていく」とか、「稼いだお金を使って、経済的に貧しい地域に学校や病院などの施設を建設する」といった目標が、理想、理念、夢につながります。

見栄を張っていうのでなく、心からそうしたいと思えることが大事です。言い換えれば、生き方そのものが一流であるということが、一流になるための第2の条件です。

そのためには、決して一つのことにしか興味を持たない「○○バカ」であってはなりません。

野球選手だから野球だけをやっていればいいというのでなく、野球以外の様々なことにも広く興味を持ち、自分自身の人間の幅を広げていくことも大切です。

ビジネスパーソンであれば、今自分がやっている仕事の助けとなるようなことからスタートしてみてもいいのかもしれません。

「来るべき海外赴任のために第2、第3の外国語を勉強してみよう」

「営業に役立てるために心理学を勉強してみよう」

「もっと責任ある仕事を任せてもらえるように、資格試験を受験しよう」

というような、高いモチベーションで、1日3食ではなく、1日4食、「4食目」を摂る努力をしている人こそが、将来一流になれる人間です。

逆に、

「今日は疲れた、上司に怒られてむしゃくしゃする。ストレスがたまったから飲みに行こう」

というようなことを繰り返していては、一流への道は遠いといわざるをえません。

一流の条件その3

他人が思う以上のことをする

3番目の条件は、**他人に対して思いやりがあり、心遣いができる、いわゆる「人格」のいい人物であること**です。

こういう人は、自分が周囲によって「生かされている」ということをよく知っています。ですから他人に対する感謝の気持ちを忘れません。さらにいえば感謝の気持ちを持っているからこそ、他人が要求する以上に、「こんなことをしてあげたい」「あの人を助けてあげたい」という気持ちが生まれます。

プロ野球選手であれば、同僚のチームメイトや監督、コーチ以外にも、ファンへの心遣い、サービスが欠かせません。握手をしたり、写真を撮ったり、サインをしたり……。一流選手ほどこうしたファンとの交流をわずらわしがらず、むしろ非常に大事にします。カンザスシティ・ロイヤルズの一塁手、マイク・スウィーニー選手は、この意味でまさに模範的な選手でした。

ライバルであるチームメイトに、監督やコーチに、我々フロントで働く人々に対して、そしてもちろんファンに対しても、彼は誰にでも愛想よく話しかけ、思いやりを持って接しました。彼がそうやって笑顔でいるだけで、チーム全体の雰囲気が和んでしまいます。彼はそういう選手でした。信心深いキリスト教徒で、そんな彼につけられたニックネームは「リベレンス」尊師。

私がロイヤルズで仕事をしていた頃はまだ2Aと3Aを行ったり来たりするような技術的には比較的平凡な選手でしたが、その後オールスターに選出されるほどのスタープレーヤーになれたのは、一にも二にも彼の他人を思いやる「人柄」が物をいったのです。

アメリカ人はビジネスライク的、と思う人が多いようですが、私がこれまで経験した限りでは、決してそんなことはありません。おそらくそういうことを言う人は本当の意味で、アメリカのコミュニティーの中に入り込めていないのでしょう。

メジャーリーグ球団に限らずどんな組織でも、彼らは互いに助け合い、プラスになる関係をつくり上げています。

人を思いやり、心遣いができる人というのは、その分だけ自分も思いやられ、心を遣ってもらえる人となります。

一流の条件その4 自己満足しない

一流の人間は、決して自己満足しません。

「ここまで来たからこれでいいや」ということが彼らには絶対ありません。では、その「さらに次へ」というモチベーションはいったいどこから生み出されるものなのでしょうか？

実は彼らが持つ人並み外れた好奇心こそが、こうした向上心を生み出しているのです。

前にも述べたようにアメリカでは、好奇心いっぱいで絶対に自己満足しない人間を「キュリアス・キッズ」と呼んでいます。言い換えれば「ホワイ・キッズ」。いつも、「なぜ（ホワイ）？」といろいろなものに興味を示す人です。

思えば、小学生ぐらいの小さな頃は、誰もが「キュリアス・キッズ」だったはずです。

「お父さん、お母さん、これはなぜ？　先生、これは？」

などと言って大人を困らせた人も多いでしょう。

しかしある程度大きくなると、何でも知っているような気になってしまい、その「なぜ？」という気持ちを次第に失ってしまいます。

「今さらあんなことをしてもしょうがない」

「あれは結局あんなもんだよな」

そう思うようになり、なかなか次のステップへ進んでいけません。

ところが、一流といわれる人々は、**大人になってもこの「なぜ？」という気持ちを忘れません。**


1996年、ボルティモア・オリオールズのカル・リプケン選手が、カンザスシティ・ロイヤルズのスタジアムで衣笠祥雄選手の持つ連続試合出場記録を超え、2216試合連続出場という世界新記録を打ち立てた日、私は彼にインタビューをする機会を得ることができました。

そこで私は、

「この厳しいメジャーリーグという世界で、なぜ15年間も一流選手としてプレーすることができたのですか？」

と尋ねると、リプケン選手はこう答えました。

「俺はいつでもキュリアス・キッズなんだ。小さい頃から今まで、『なぜ野球のボールは白いの？』とか、『なぜ打ったらこっちに走らなければいけないの？』の繰り返し。そんな風にいつも『なぜ？』と好奇心を持っていたから、こんな大記録を作ることができたんだ」

常に、「なぜ？」と好奇心を持ち、トライし、失敗し、経験を積んでいく。考えてみれば、こうした人間が成長しないはずがありません。

人間とは「なぜ？」の数だけ成長する生き物です。

一流の条件その5 社会のためにお金を使う

人は皆、周囲に「生かされている」存在です。**どんな人でも、決して世の中を一人で生きていくことはできません**。自分では意識していなくても、必ず誰かしらに支えられている部分があります。

メジャーリーガーならば、シーズン中の4～9月まで、試合を見に球場に足を運んでくれるベースボールファンたちが、最も自分たちを「生かしてくれる」人々になります。そうしたファンや社会への感謝の気持ちを込めて、彼らは競うように様々な社会奉仕活動を行っています。

すでに引退したマーク・マグワイア。彼は、世界の幼児虐待撲滅運動のために、毎年3億円もの金額をポケットマネーから出し続けていました。

マグワイアのよきライバルだったサミー・ソーサ。彼の場合は、母国ドミニカ共和国の教育水準を高めることに非常に熱心です。ハリケーンで壊れてしまった学校や病院を補修したり、各校にパソコンを買って送ったりするための資金として、毎年1億円を提供していました。

「マグワイアやソーサは毎年多くのお金を稼いできたからそういうことができるのでしょう」

そう思うかもしれません。しかし実はそうではないのです。社会貢献活動に熱心なのは、決して裕福なメジャーリーガーだけではありません。

マイナーリーグの選手も皆それぞれ、自分の給料に見合った範囲内の金額を社会のために提供しているのです。

月給が850ドルのルーキーリーグの選手とて、この例外ではありません。彼らもまた、苦しい生活の中から毎月100ドルぐらい、日本円にして1万円ぐらいを、貧しい人に使ってもらうため、教会に持っていきます。

一般にアメリカでは、

「収入の3分の1から4分の1を、自分のためではなく他人のために使え」

などといわれていますが、それは決して寄付などの金額の多寡を問題としているわけではありません。

大事なのは、世界の人々のために何かをしようとする気持ちです。こうしたことを、当たり前のこととして自ら進んでできる人間。それが社会の尊敬を集める真の一流です。

逆にいえば、それができない限りは、どんなに仕事で成功を収めたとしても、一流と認めてもらえないのです。

EXTRA INNING

ロベルト・クレメンテ賞

ロベルト・クレメンテ賞とはその年一年を通じてシーズンの成績がよく、そのうえ、社会への慈善活動が特に顕著だったメジャーリーガーに贈られる賞のことです。

1971年の設立当初は「コミッショナー賞」と呼ばれていましたが、ピッツバーグ・パイレーツの名外野手として活躍し、「プエルトリコの至宝」とまでいわれていたロベルト・クレメンテ選手が、1972年ニカラグア大地震の救援活動に向かう際に、飛行機事故で惜しくもその命を落としてしまったことを受け、翌年1973年より、彼の名前にちなんでこの名称で呼ばれるようになりました。

このような賞が設けられていること自体に、アメリカという国の社会貢献活動に対する考え方がよく表れているといえますが、選手たちにとっても、この賞を受賞することは大変な名誉となっています。

2002年の受賞者、クリーブランド・インディアンスやシカゴ・ホワイトソックスなどで活躍したジム・トーミ選手は、ユニークな社会貢献活動を自ら企画し行っていることで有名でした。

トーミ選手は、毎年クリスマスの時季の前になると、クリーブランド郊外のショッピングセンターでチャリティーサイン会を開催していました。しかし、このサイン会はただのサイン会ではありません。ファンにサインをするのと引き換えに、トーミ選手は彼らからおもちゃを一つずつもらうのです。

こうしてサイン会で集められたおもちゃは、クリスマス当日にサンタクロースに扮したトーミ選手自身によって、市内の小児科病棟に入院している子供たちにプレゼントされます。

サンタクロースの格好で、抱きかかえられないほどのプレゼントを手に病院を訪れるトーミ選手。いつもテレビで応援していたメジャーリーガーが突然目の前に現れたときの子供たちの驚きよう、喜びようは想像するも容易です。

トーミ選手は言います。

「みんな僕のことを応援してくれるので、何とかお返しがしたいと思っていました。病気で辛そうな子供たちを笑顔にしてあげられると思うだけでも、毎年サンタクロースになるのが楽しみでしょうがありません」

トーミ選手の他にも、歴代の受賞者はそれぞれ思い思いのかたちで社会貢献活動を行っています。

「自分の野球人生を通じて、社会にどんな貢献ができるか」

というのが彼ら一流選手の共通のテーマです。

「社会に尊敬される」というモチベーションを選手に与える。アメリカ社会において、ロベルト・クレメンテ賞の持つ意義は非常に大きいものがあります。

脱皮のすすめ

次のページの図は何に見えますか。

下向きの矢印、横を向いているカニ、横向きの帽子、標識、暗号など、いろいろと想像したのではないでしょうか。もっとよく見てください。この本を近づけたり、離してみたり。どうでしょうか、何か見えてきませんか。

この図が、ある言葉に見えてきたらあなたは正解者です。

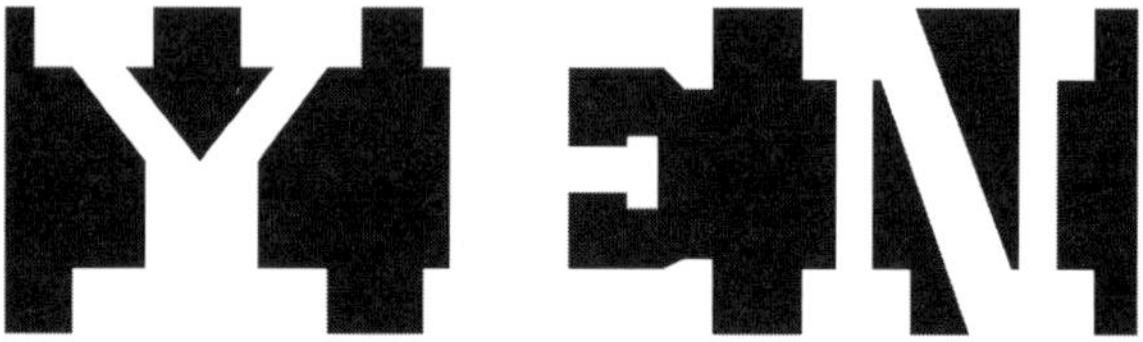

英語の「ＹＥＮ」という文字です。

「えっ、まだわからない」というあなたは、この文字が黒い紙に印刷してあると思って見てください。

「ああ、なんだ」と思ったあなた、なぜ最初に「ＹＥＮ」と読めなかったのか自分に問いただしてみてください。

多くの人は、文字は白い紙に黒インクで書いてあるものだという発想が頭に叩き込まれています。そのため、この文字を見たとき、へんてこな図が並んでいるようにしか見えません。

「ＹＥＮ」という文字を読むためには、今までのあなたの頭と発想から脱皮しなければなりません。脱皮することによって、あなたの発想は生まれ変わります。

人生にも同じことがいえます。夢や目標に向かって、人生を思いのまま変えていくチャンスはいたるところに転がっています。過去に身につけた常識や発想パターンから抜け出せれば、どんな困難にぶつかってもそれをチャンスとして最大限にいかすことができます。

ではもう一つ問題です。

「この地球上で最も開発されていないところはどこでしょうか？」

正解は、アフリカやシベリアなどではなく、「あなたの帽子の下」にあります。これは有名な言葉で、我々人間の頭脳はほんの一部しか活用されておらず、まだまだ頭脳の使い方があることを示しています。

一流の人間になるためには、今までのあなたの常識から脱皮することをおすすめします。本書を読んでいただいたあなたは、脱皮どころか、もうさらなる成長をしていることでしょう。

エピローグ

「人生はゲームである」

あなたには諦めてしまった夢はないでしょうか。

臆病な自分に言い訳して、素通りしてしまった夢はないでしょうか。

失敗したらどうしようと思ったり、常に現状にしがみついていなければ生きていけないと思ったりしてはいないでしょうか。


人は未知を恐れるものです。

恐れるあまり目をそらしてしまいます。

未知なる世界へと進むことを拒むものです。

しかし、勇気を持って夢へと真剣に向かったとき、あることに気づきます。

夢は意外と近くにあると。

とてつもなく恐ろしく不安に感じた夢への挑戦も、踏み出してみると意外に楽しいもの。

そこには、今までの自分が知らないような貴重な経験が待っています。

子供の頃、すべてが新鮮に見えたように、新しい気持ちになれます。


それでも、勇気を持って踏み出せない人はいます。

そういう人は、自分の人生に特別な意味づけをしていないでしょうか？

何か宿命を背負って生まれてきたと思ってはいないでしょうか？

断言します。

あなたが生きていることに、特別な意味などありません。

自分探しの旅など出る必要は全くありません。

人生はゲームみたいなもの。

そう考えれば、肩の荷が下りないでしょうか？

ゲームならば、何も恐れることはありません。

思い切って飛び込んでみて、失敗したってどうってことありません。

自分の可能性を自ら制限する必要もありません。

自分がやりたいこと、自分が大好きなものにぶつかればいい。
自分の感情に素直になって、目標を立てればいい。
そう思うことが、あなたにとっての成功につながるのですから。

たった一度きりの人生。
自分が好きだと思う世界へ踏み出そう。
他人から否定される筋合いなどありません。
自分が死を迎えるときに
「楽しい人生だった」
とニッコリと笑えればいい。
そうすればゲームはハッピーエンドを迎えられるのです。

最後に、本書を執筆するにあたって効果的なアドバイスをしていただいた、産業編集センターの前田康匡氏のご協力に深謝申し上げます。

タック川本

タック川本

1943年東京都生まれ。早稲田大学卒業後、南米アマゾン川で探検、研究生活をおくる。その後、アメリカにて国際情報社会学やインターナショナル・スポーツファイナンシャル・マネージメントを研究し、ビジネスコンサルタントとして活躍。

メジャーリーグ、カンザスシティ・ロイヤルズのインターナショナル・オペレーションや、カナダのモントリオール・エクスポズを経て、ロサンゼルス・エンゼルスの国際編成部門に移籍。

現在は、日米で国際ビジネス&スポーツアナリスト、講演講師、著述家として、テレビ・ラジオ・講演会などで幅広く活躍中。

[参考文献]
『タック川本の大リーグ流「理解学」』(オフィス輝)
『人生にコールド負けはない』(すばる舎)
『メジャーリーガーになる本—この一冊がMLBへの扉を開く』(すばる舎)
『メジャーリーグ世界制覇の経済学』(講談社)
『いらない人は一人もいない』(ゴマブックス)
『プロは反省するな! メジャー流「人づくりの言葉」』(東洋経済新報社)
※すべてタック川本・著

メジャーリーグに学ぶ
超一流だけが持っている成功思考

2021年2月2日　第1刷発行

著者	タック川本
装丁	金井久幸(TwoThree)
本文デザイン	横山みさと、髙橋美緒(TwoThree)
DTP・校正	トラストビジネス株式会社
編集	前田康匡(産業編集センター)
発行	株式会社産業編集センター 〒112-0011東京都文京区千石4-39-17 TEL 03-5395-6133　FAX 03-5395-5320
印刷・製本	萩原印刷株式会社

ISBN 978-4-86311-284-1　C0075